ビジネス インストラクショナル デザイン

企業内教育設計ワークショップ

森田晃子 著

Business
Instructional
Design®

中央経済社

"Business instructional Design"と"BID TREE"とはサンライトヒューマンTDMC株式会社の登録商標です。
以下、本書では®マークを省略しています。

はじめに

　本書を手に取っていただき、ありがとうございます。
　私、森田晃子はサンライトヒューマンTDMCという会社を経営し、企業向けに人材育成の研修やコンサルタントをしています。教育の軸としてとらえているのが、BID（ビジネス インストラクショナルデザイン）という考え方です。
　BIDは、企業の教育担当者の方からの
「実施している研修が本当に受講者の役に立っているのか不安」
「いくら研修をしてもビジネスの成果につながらない」
「現場に還元できるような教育ができているか自信がない」
そうした嘆きの声から私が考案した教育デザインの考え方です。

　私が出会う教育担当者の多くは、真面目で、実直で、自社の人材の力を最大限に引き出したいと考えています。しかし、その思いが上手く実現できず、悩みを抱えてしまっています。

　こうした悩みは、どうして生まれてくるのでしょうか？
　1つには、「そもそも、その研修が必要なのか？」という「Why」の部分がしっかりと詰めきれていないという要因があります。そもそも企業が教育を行う背景には、解決したい課題や人材育成のビジョンがあるはずです。
　しかし、その「そもそも論」が実は難しいのです。本来であれば、Gapを埋める要因を厳密に洗い出し、それに紐付ける施策を講じていくことが必要です。その施策は、必ずしも研修ではないかもしれませんし、研修であっても前年踏襲型のものでは、今のニーズとは、ずれてしまっているかもしれません。現状とゴールとのGapを埋めるためには、あらゆるアプローチを見渡した上で、最善の方法を取る必要があります。
　一担当者がこうした企業の抱える課題を洗い出し、最適なアプローチを見つけていくことは簡単なことではありません。

　そこで、BIDの登場です。本書はBID TREEというフレームを使い、ワークショップ形式で教育デザインを学び、実行につなげていきます。Gapと施策を合致させるという難問を解くには、BID TREEを

使うことをお勧めします。
　悩みを1人で抱えず、人材育成を考える仲間と"ワイワイ"とフレームを埋めながら研修をデザインしてもらいたいという願いを込めて作りました。詳しくは後述しますが、BID TREEはHPI、ID、PMという3つのパートからできています。
　HPIでは、「Why」を重ねて教育の必要性に迫ります。
　IDでは、効果・効率を追究した魅力ある教育をデザインします。
　PMでは、教育をプロジェクトととらえて成功に導く手立てを具体化していきます。

　1つひとつのボックスをよりよい形で埋めるためには、もう一歩進んで深掘りしていく必要があります。しかし、このフレームを完成させることができれば、揺るがない教育デザインができあがります。たとえ、経営層に「本当に研修が必要なの？」と問われたとしても、「もちろんです！」と自信を持って根拠を説明できるだけの設計がなされたことになります。

　私は、8年間、企業内教育の担当者として実務に携わりました。この本を手に取ってくださったあなたと同じ立場で、同じように日々懸命に働いていました。しかし、そのときの私は、自分の経験や勘で教育を行ってよいのだろうかと悩んでもいました。もっと受講者の力を高められる効果的な方法はないかと、モヤモヤする気持ちを抱え続けていたのです。
　今、コンサルタントや講師として100社、4,000名以上の方々と接した蓄積の中から、そのモヤモヤした霧を晴らすBIDという概念を生み出すことができました。教育には他では得られない醍醐味があります。本質的に人の力を伸ばし、それが企業の発展につながっていく。そんな企業内教育の醍醐味を、ぜひあなたにも味わっていただきたいと思っています。

　本書が、悩んでいるあなたの解決のヒントとなりますように。
　そして、高い目標を目指すあなたのステップとなりますように。
　人の成長を信じるすべての人へ、願いを込めて。

森田 晃子

もくじ

はじめに ……………………………………………………………………… 003
「現場での実践力を持つ社員を育てたい」、そんなふうに思いませんか？ …… 008
本書の構造 …………………………………………………………………… 010

第1部 BIDのフレームを学ぶ …………………………………… 012

BID TREE ……………………………………………………………………… 014
BID TREEワークショップの進め方 ……………………………………… 016

STEP 1　Q1 テーマ ……………………………………………………… 018
　　　　　Q2 プラン ……………………………………………………… 020
　　　　　Q3 ゴール ……………………………………………………… 022
　　　　　Q4 評価 ………………………………………………………… 024
　　　　　Q5 現状 ………………………………………………………… 026
　　　　　Q6 理想 ………………………………………………………… 028
　　　　　Q7 Gap ………………………………………………………… 030
　　　　　Q8 解決策 ……………………………………………………… 032
　　　　　Q9 スケジュール ……………………………………………… 034
STEP 2　現状分析 ……………………………………………………… 036
STEP 3　Q3' ゴールの再設定 ………………………………………… 038
　　　　　Q4' 評価設計の見直し ……………………………………… 040
　　　　　Q2' プランの練り直し ……………………………………… 042
　　　　　Q9' スケジュールの再考 …………………………………… 044

BIDの観点で再設計 ………………………………………………………… 046
Before/After ………………………………………………………………… 048
第1部のまとめ ……………………………………………………………… 050

第2部　BID パート演習 ... 052

- BID TREEを構成する要素 ... 054
- BID TREEを深掘りする9Worksheets ... 056
- **HPI** 理想と現状を知ろう ... 058
  - BID TREE Worksheet① 理想・現状把握シート ... 059
  - Gapを分析しよう ... 060
  - BID TREE Worksheet② Gap分析シート ... 061
  - 解決策を考えよう ... 062
  - BID TREE Worksheet③ 解決策アイディアシート ... 063
- ［コラム①］HPIは問題解決アプローチ ... 064
- ［コラム②］個人の問題20%、組織の問題80% ... 065
- **ID** ゴールと評価をデザインしよう ... 066
  - BID TREE Worksheet④ ゴールと評価設計書 ... 067
  - ロードマップを描こう ... 068
  - BID TREE Worksheet⑤ ロードマップ ... 069
  - eラーニングの構成を考えよう ... 070
  - BID TREE Worksheet⑥ eラーニング チャプター構成案 ... 071
  - 集合研修のレッスンプランを考えよう ... 072
  - BID TREE Worksheet⑦ レッスンプラン ... 073
  - 佐藤さんのノート ... 074
- ［コラム③］直属上司の巻き込みとフォローアップが教育の鍵 ... 076
- ［コラム④］リフレクションを重視した経験学習モデルを回す ... 077

PM 研修をプロジェクトとしてとらえよう 078
プロジェクトマネジメントを実践しよう 080
ガントチャートを書いてみよう 082
BID TREE Worksheet⑧ ガントチャート 083
マイルストーンを設定しよう 084
BID TREE Worksheet⑨ マイルストーン 085
[コラム⑤] プロジェクトマネジメントの視点を持ち、教育を成功へ導く 086
[コラム⑥] プロジェクトマネージャーに必要な4つの素養 087
BID TREE 088
BIDプロセスのまとめ 090
第2部のまとめ 092

第3部 物語から学ぶBID 094

Case1 製薬×BID（ノバルティス ファーマ株式会社） 097
Case2 航空×BID（株式会社スターフライヤー） 107
Case3 飲食×BID（株式会社物語コーポレーション） 119
Case4 ライター×BID（株式会社レゾンクリエイト） 129
第3部のまとめ 138

おわりに 140
参考文献 143

> 「現場での実践力を持つ社員を育てたい」、
> そんなふうに思いませんか？

研修の目標に到達できたとしても、現場で求められるレベルにまでは到達できていないということが少なくありません。それは、現場と研修の目標との間に隔たりがあることで生じる分断です。

これは、「研修は研修、現場は現場」という認識が、一般化してしまっていることから生じる課題です。

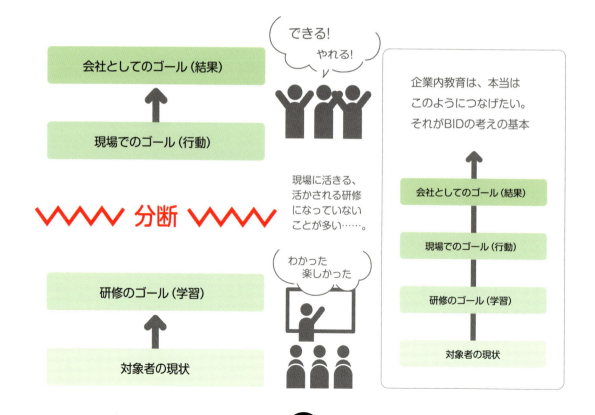

B IDとは、企業内教育をプロジェクトとしてとらえ、成果創出を導くための全体像をデザインし、効果的・効率的・魅力的なトレーニングを実行するための考え方です。

① HPIの観点で分析をすることで、トレーニングニーズを明確にし、
② IDの観点で研修での学びと職場での学びをブレンドした教育設計を行い、コンテンツを開発し、実行・検証し、
③ PMの観点でこの取り組みをプロジェクト(有期の成果を出すプロセス)としてとらえ、マネジメントを行い、組織のニーズを満たす成果に結びつけます。

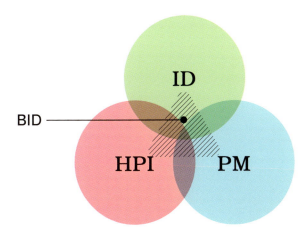

　HPIとは、Human Performance Improvementの略。ATD(Association for Talent Development)が定義づけており、組織課題解決を人材の視点からとらえる考え方です。人材のあるべき姿と現状のパフォーマンスギャップを洗い出し(ビジネス分析、パフォーマンス分析)、根本的な原因分析を行い、現状とのGapを埋める適切な介入策を検討・選択・実行し(介入策の選択・実施)、実行結果を評価測定するシステム的アプローチです。

　IDとは、Instructional Designの略。研修の効果と効率と魅力を高めるためのシステム的なアプローチに関する方法論であり、研修が受講者と所属組織のニーズを満たすことを目指したものです(鈴木克明、2003)。

　PMとは、Project Managementの略。プロジェクトとは、「独自のプロダクト、サービス、所産を創造するために実施する有期性のある業務」です(米国PMI：Project Management Institute)。プロジェクト活動は、ヒト・モノ・カネを投じて期日内にこれまでに存在しなかったモノを生み出すよう、マネジメントしていくことです。

本書の構造

　この本は、フレームと文章で感覚的に理解できるように構成しています。
　第1部は、フレームをもとにした教育担当者の佐藤さんとBIDコンサルタントのあきこさんとのやりとりで"わかり"、第2部でHPI、ID、PMを概念的に"理解"します。そして、第3部の4つの事例から"腹落ち"するというフローになっています。
　忙しいビジネスパーソンが、ビジネス世界での教育の考え方を理解して、明日から真似できるような作りとしています。

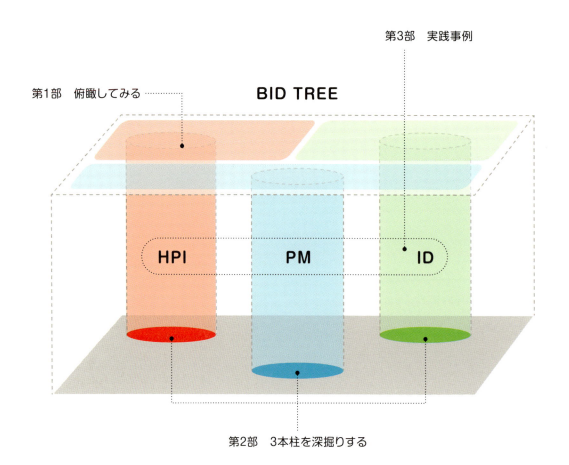

この本は、多様な読み方ができる構造となっています。
まず、ビジュアルで理解するのが得意な「右脳派」の方にお勧めの読み方が【パターン1】です。

続いて、文章からじっくり理解していくことが好きな、どちらかというと「左脳派」の方には【パターン2】がお勧めです。

そして、「とにかくたくさんの事例を知りたい！」という「現実派」の方には、【パターン3】をお勧めしたいと思います。

第1部

BIDの
フレームを学ぶ

BID TREEと名付けたのは、このフレームに沿ってデザインすれば、研修の対象者の成長・成果につながるという想いを込めたからです。

第1部の目的は、BID TREEがどのようなフレームなのか理解することです。
教育担当者の佐藤さんの事例を使って、佐藤さんとBIDコンサルタントのあきこさんとの掛け合いで一緒に学んでいきましょう。

第1部 BIDのフレームを学ぶ

BID TREE

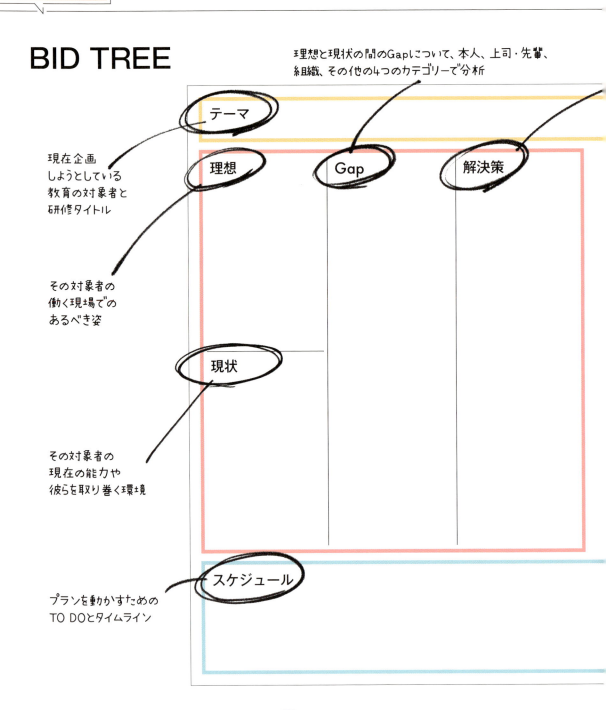

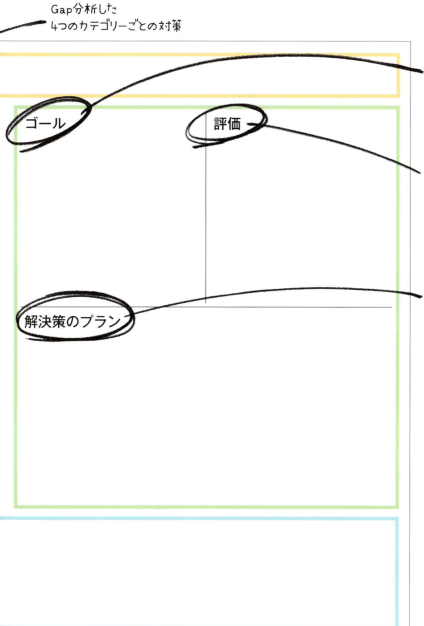

Gap分析した
4つのカテゴリーごとの対策

研修のゴールと
現場でのゴール
(行動変容)と
会社のゴール

3つのゴール
(研修・現場・会社)の
具体的な達成指標

研修のロードマップと
その他の解決策の
具体的なプラン

BID TREEとは？

　ビジネス インストラクショナルデザインにおいて、企業内教育をデザインしていく最初のステップで、全体像を描く(青写真を描く)ために活用するフレームです。
　考えを見える化した後で、詳細な研修企画書を作ったり、プロジェクトを動かすための説明資料を作成したり、ガントチャートを引いたりしていくよう誘うツールとなります。

第1部 BIDのフレームを学ぶ

BID TREEワークショップの進め方

BID TREEのフレームを理解するために、教育担当者の佐藤さんの事例を見ていきましょう。

あなたの課題が佐藤さんの課題と異なるとしても、BID TREEの9つの枠を埋めていくことで、教育に関する課題をクリアにすることができます。

佐藤さんは、教育について以下の課題を抱えており、BIDコンサルタントのあきこさんに相談しました。2人の会話を通してBID TREEの大枠を学びましょう。

総合商社 教育担当者
佐藤さん

BIDコンサルタント
あきこさん

佐藤さんの事例

- ✓ 総合商社の教育担当になって2年目の佐藤さん
- ✓ 毎年行っている3年目営業研修に対して、「このままでいいのだろうか」と疑問を持っている
- ✓ 若手からは、同期会も兼ねていて楽しい研修だと、満足度は高い
- ✓ 現場からは、研修と実践の場がつながっていないという反応
- ✓ 来年は、もっと効果的な研修としていきたい

016

STEP 1

佐藤さんとあきこさんの2人は、ふせんを使って、現状を洗い出す作業を行いました。

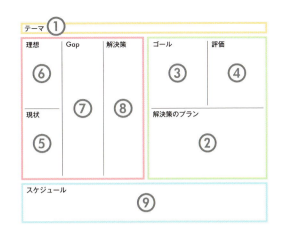

STEP 2

記入したBID TREEを眺めて、改善点を見つけ出しました。

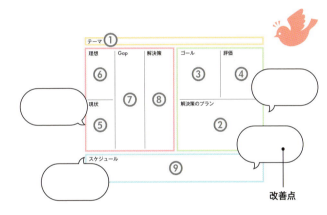

STEP 3

改善プランを立て、ふせんを現状分析したシートの上から貼り直しました。

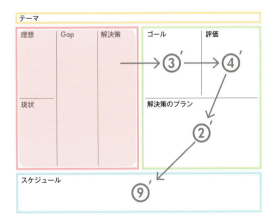

第1部 BIDのフレームを学ぶ

Q1 テーマ Theme
誰を対象としたどんな教育を計画しているのですか？

3年目の営業職（法人営業）を対象とした毎年恒例の1泊2日の研修です。

入社3年目といえば、そろそろ一人前として育ってほしいところですね。

そうですね。そのため、毎年「営業力強化」を重視しているんです。

なるほど。毎年何名くらいを対象にしているんですか？

およそ50名ですね。

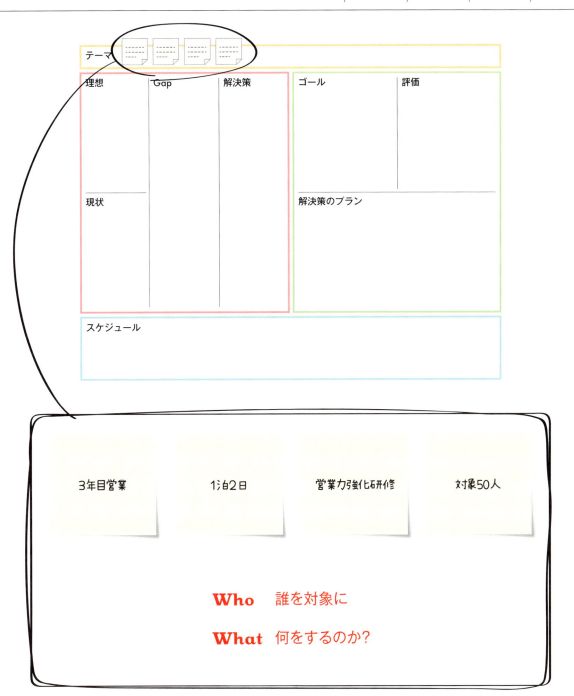

Who　誰を対象に

What　何をするのか?

第1部 BIDのフレームを学ぶ

Q2 プラン Plan
どんな研修プランを考えていますか?

だいたい毎年1泊2日で、1日目は振り返りと懇親会、2日目は「営業力強化研修」と称して外部講師を招聘しています。

1日目の振り返りは、どう進めていますか?

本人たちが成功例と失敗例を提示して、それをグループで共有後、発表させます。

事前課題として、「経験振り返りシート」のようなものに記入してもらっているんですか?

そうですね。まさに、そんな感じです。

2日目の「営業力強化研修」はどのような内容ですか?

営業の基本となるお客様ニーズを把握して、提案内容を整理し、しっかりとクロージングができる形までつなげたいと思っています。インプットと、簡単なグループワークを行うスタイルですね。

研修以外に何か営業力強化のための対応策は考えていますか?

研修以外はとくにないですね……。あとは、現場にお任せしています。

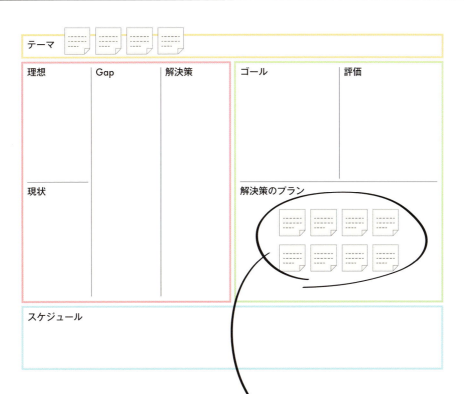
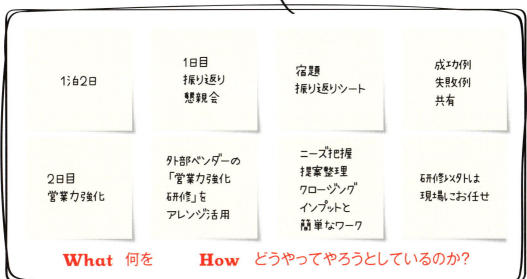

第1部 BIDのフレームを学ぶ

Q3 ゴール Goal
この研修で目指したいゴール（目標）は何ですか？

基本的には一人前の営業職として必要なスキルを身につけてほしいですね。
あっ、それと、せっかく同期が集まる場なので、同期同士の成功例や失敗例から１つでも学びがあるといいと思っています。

研修が終了した後のゴール（目標）は、具体的に考えていますか？

とにかく一人前になってもらうということでしょうか。

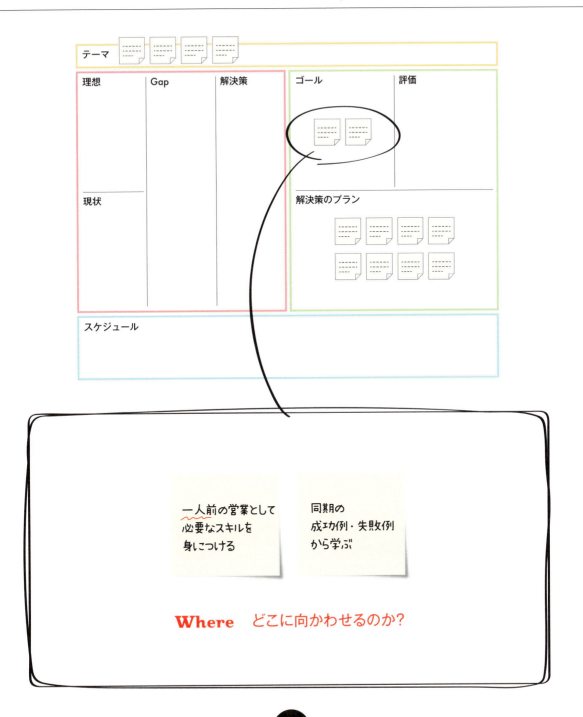

第1部 BIDのフレームを学ぶ

Q4 評価 Evaluation
研修後のアンケートは取りますか？

はい。取ります。昨年も取ったのですが、受講者の満足度は高いですよ。モチベーションは上がっていたかなと思いますね。

受講者が戻った現場での評判はいかがですか？

そうですね……。受講者にしても、現場のマネージャーにしても、3年目営業研修を恒例イベントとしてとらえていて、「研修は研修、現場は現場」と思っているところがあるように感じます。そういう意味では、あまり研修前後での変化は感じてもらえていないように思います。

研修終了時に、何か成果確認をされていますか？

そこは悩んでいるところです。人数も多いし、ロールプレイなどの実演をさせて評価ということは、現実的には難しくて……。

STEP 1 / STEP 2 / STEP 3

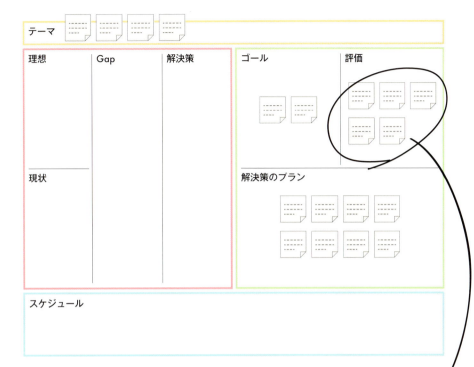

How　どうやって到達度を測るのか？

第1部 BIDのフレームを学ぶ

Q5 現状 Current status　今年の3年目の営業の方々はどんな状況ですか？

そうですね。比較的受け身の社員が多く、現場では忍耐力がないという声もあがっています。実は、すでに1割くらい退職してしまっているんですよね。
とはいえ、言われたことはちゃんとやるし、まじめで素直という評判もよく耳にします。

なるほど。その他、気になることはありますか？

そうですね。50人もいるので、レベルの差が出てきているように思います。優秀な社員は社長賞も取っています。しかし、営業目標に到達できず、苦戦している社員も多いです。

彼らを取り巻く環境面の視点から、気づくことはありますか？

そうですね。上司の指導力のバラツキもあります。また、最近では部署内の飲み会も減っていて、上司・先輩とのコミュニケーションが不足していることが、昔と違うようです。

026

第1部 BIDのフレームを学ぶ

Q6 理想 ideal
3年目営業の社員の方たちが、現場でどうなってほしいですか？

1人で新規の受注が取れるようになってほしいですね。営業ですから、当然お客様の信頼をしっかりと得てほしいとも願っています。
一言で言うと、全員が一人前の営業ができるようになることが理想です。

そうですよね。他にも何かありますか？

1人で提案書を書けるようになってほしいですね。それに後輩指導もできるようになってほしいなぁ。

結構いっぱいありますね！ でも、3年目ですからね。

そうですね。欲ばりかもしれませんが、一人前というのはそういうことなのかと。

028

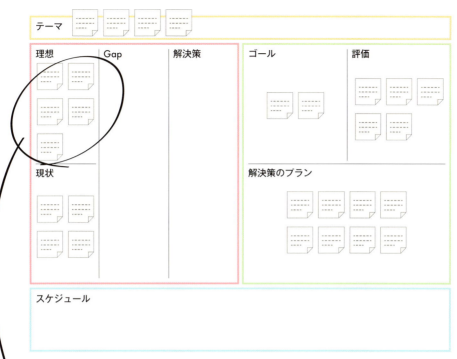
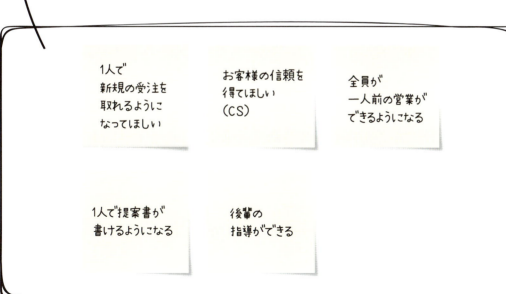

第1部 BIDのフレームを学ぶ

Q7 Gap

現状と理想にGapがあるのですね。
現状には、どんな問題がありますか？
まず、本人に起因する問題は何がありますか？

商品数が多いので、知識が追いついていないこととソリューション営業としてのスキルが弱いことですね。

上司・先輩に起因する問題は何がありますか？

上司や先輩も多忙なのでフォローできていないと聞きます。あと、「営業力は現場で経験してつかむものだ」という考えが根強くて。

組織に起因する問題は何がありますか？

業務支援ツールや仕組みが十分に整っていないことでしょうか。

「ハード面」での不足があるということですね。「ソフト面」ではどうでしょう。

実は、目指す姿があいまいということでしょうか。ある意味では仕方がないことなのかもしれませんが、頑張っても評価されにくいといった状況や不満もあると思います。

その他の外部環境なども含めた問題点はありますか？

そうですね。競合他社との競争が激しく、なかなか新規受注を取りにくいといったことや、規制が厳しくなって顧客へのサービスがしづらくなっているということがあげられます。

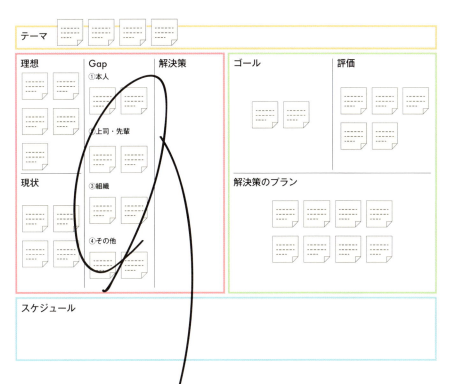

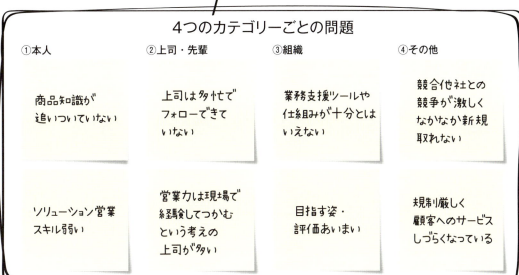

第1部 BIDのフレームを学ぶ

Q8 解決策 Solution

Gapを埋めるための解決策には
どんなものがあるでしょうか？
まず、対象者本人に起因する問題の解決策から
明らかにしていきましょう。

「営業力強化研修」を充実させるということでしょうね。

上司・先輩に起因する問題の解決策は何か思いつきますか？

上司向けの部下の育成研修があるといいですよね。あと研修つながりで、リーダークラス向けの後輩指導をテーマにした研修があるともっといいかもしれません。

研修以外で解決する方法は思いつきますか？

上司の業務を断捨離してあげるような業務改善のプロジェクトが必要なのではないかという声があがっています。
あと安易ですが、コミュニケーションを円滑にするために、懇親費用を会社が負担するという方法も考えられますね。

組織に起因する問題の解決策はいかがですか？

営業に役立つサポートツールを開発してあげられないかなと思っています。そもそも、あるべき姿が漠然としているので、営業職のコンピテンシー（※）を定めるときがきたのかもしれませんね。

その他、競合他社との問題などにおける解決策はありますか？

だからこそ「営業力強化研修」かなと。

※コンピテンシーとは、ある職務や役割において優秀な成果を発揮する人の行動特性。

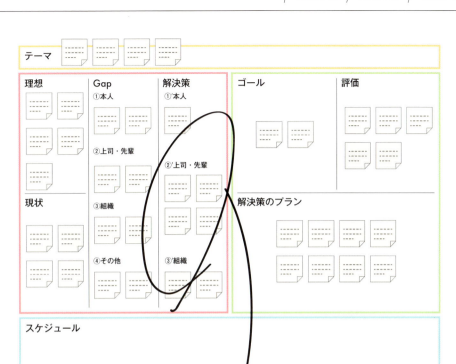
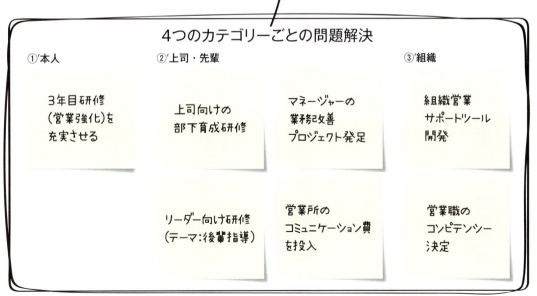

※p.31の問題とあわせてご覧ください。

第1部 BIDのフレームを学ぶ

Q9 スケジュール Schedule
研修を実施するにあたってどんなふうに進めますか？

そうですね。10月が研修本番なので、2月くらいから予算どりがスタートします。だいたい3ヶ月前の7月あたりに外部講師のベンダーさんとの打ち合わせをします。
その後、本人と現場の上司あてに研修期日の案内と調整をしていくスケジュールです。研修前月の9月には事前課題を出して、本番をむかえます。

研修が終わった後は何かしますか？

翌月にベンダーさんと振り返りのミーティングをします。今年は、12月くらいに受講者の現場の上司などにもヒアリングにいけたらいいなと思っています。

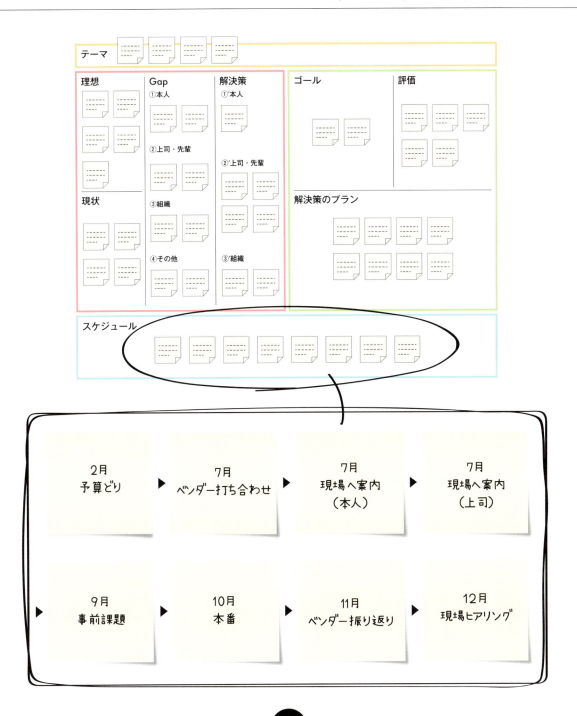

第1部 BIDのフレームを学ぶ

現状分析

S TEP1が終わりました。では、STEP2としてながめてみましょう。

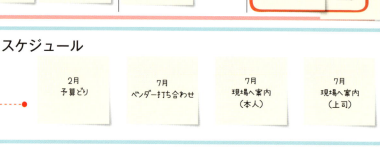

現状が1枚で見渡せるようになりましたね。何か気がついたことや新たなアイディアはありますか？

Point④
①〜③をふまえてヒト、モノ、カネの観点でTODOを洗い出しスケジューリングする

036

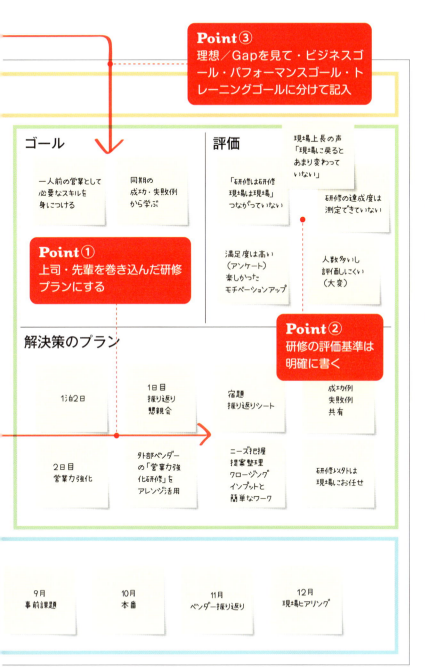

第1部 BIDのフレームを学ぶ

Q3′ ゴールの再設定 Resetting the goal

ゴールから明確にしていきましょう。
ゴールは、3つのレベルに分けて考えていくとよいですよ。
まず、上位の会社のゴール（ビジネスゴール）から
考えてみましょう。

いざ書くとなると難しいですね。

たとえば、「1人で新規の受注が取れる」というのはどうでしょうか？

いいですね。あと「お客様に信頼される」ということも同時に目指したいです。

そうですね！ 次は、現場でのゴール（パフォーマンスゴール）を考えてみましょう。

「お客様のニーズに合わせたソリューション提案ができる」ということでしょうか。

いいと思いますよ。改めて、この研修のゴール（トレーニングゴール）を明確にしましょう。「お客様のニーズに合わせたソリューション提案ができる」という状態をブレークダウンしてみるのです。

2つに分けるとすると、「お客様のヒアリングができる」ことと、「その内容を整理して提案できる」ことですね。

それぞれが難しいスキルですし、商品数が多いとのことでしたので、研修では商品を絞ったトレーニングが必要でしょうね。

重点品目の商品Aに絞ります！ 知識習得も必須ですね。

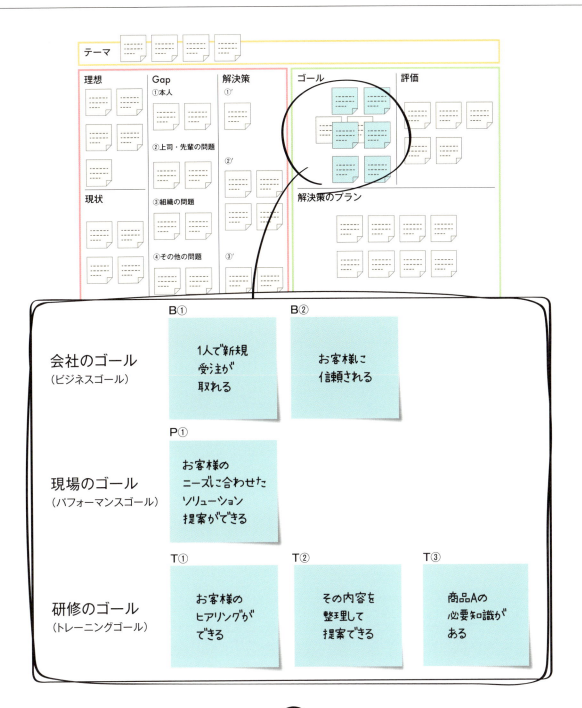

第1部 BIDのフレームを学ぶ

Q4' 評価設計の見直し
Review of evaluation design

先ほど決めた6枚のゴールのふせんそれぞれに、評価の指標を決めていきましょう。まず、会社のゴール（ビジネスゴール）を具体的かつ定量的に測定するには、どのような指標がありますか？

ゴールB①は、「研修終了半年後に新規受注が5件」という設定でどうでしょうか？ ゴールB②は、「CS調査の信頼度の項目が5点中4点以上」としたいです。

具体的で素晴らしいですね。現場のゴールはどう測定しますか？

ゴールP①は、どう測定すればいいでしょうか？

パフォーマンスなので、上司が同行してチェックすることが理想ですね。たとえば、10項目程度の行動チェックリストを作って、上司が確認するといった方法があげられますね。

なるほど、営業企画とも相談して、行動チェックリストを作りたいです！

研修のゴールはどう測定しますか？

ゴールT①とT②は、ロールプレイをして、チェックシートなどを用いて合否判定ができるといいですよね。

いいですね！

あっ！ さっきの行動チェックリストがそのまま使えそうですね。

おぉ！ いい着眼点ですね。それができれば、一石二鳥です。では、事前課題のT③はどう測定しますか？

商品担当者と相談して、eラーニングテストを作ります。

040

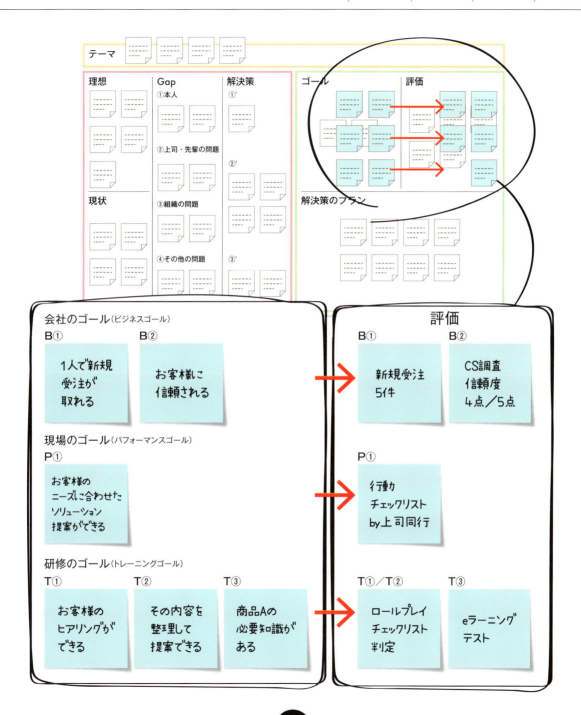

第1部 BIDのフレームを学ぶ

Q2' プランの練り直し Rebuild plan

解決策はどう見直しますか？

はい。やっぱり上司・先輩は巻き込みたいです。

そうですよね。ということは……、こんな感じの解決策のプラン（p.43右下参照）に整理できますね。
「上司を巻き込む」ということは、上司向けに研修のオリエンテーションをしたり、研修前後での面談や同行をお願いしたり、先輩には指導役として研修に参加してもらったり、現場で練習相手になってもらったりなどができるとBestです。巻き込むまでは大変でしょうけれど、佐藤さんがそこまで介入できるようになると、よりよい教育になりそうですね。

なるほど、こういうふう解決策のプランが描けるといいのですね。

このデザインの仕方は第２部で学びましょう（p.68～69参照）。

042

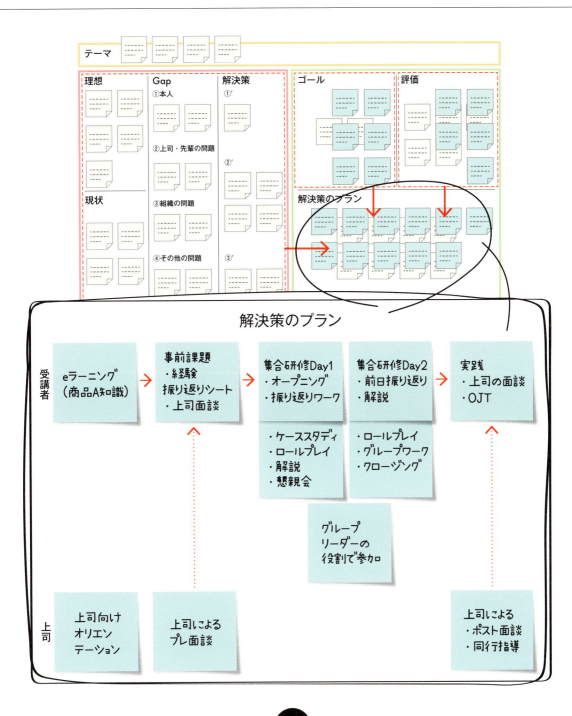

第1部 BIDのフレームを学ぶ

Q9' スケジュールの再考 Review of schedule

改めて、この教育プランを実行するために
いつまでに誰が誰に何をしなくてはならないのかを
明らかにしていきましょう。

現場を巻き込む分、やることが増えましたね……。
これはさすがに自分1人ではやりきれそうもないので、部署の上司や
先輩にも協力してもらおうと思います。

それはいいですね。これだけTO DOと巻き込む人が増えるとなると、
いわゆるプロジェクトマネジメント（PM）をした方がよさそうです。
ガントチャートを使ったやり方は、またあとでお伝えしますね（p.82
参照）。

| 2月
部内作戦
会議 | ▶ | 5月
ベンダー打ち合わせ
（細やかに） | ▶ | 6-9月
ものづくり
ワークシート
ケース | ▶ | 7月
現場との調整 | ▶ |

6-9月
eラーニング
用意

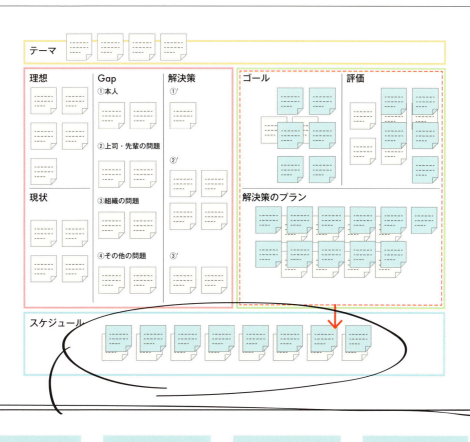

第1部 BIDのフレームを学ぶ

BIDの観点で再設計

STEP3が終わりました。訂正したBID TREEをながめてみましょう。

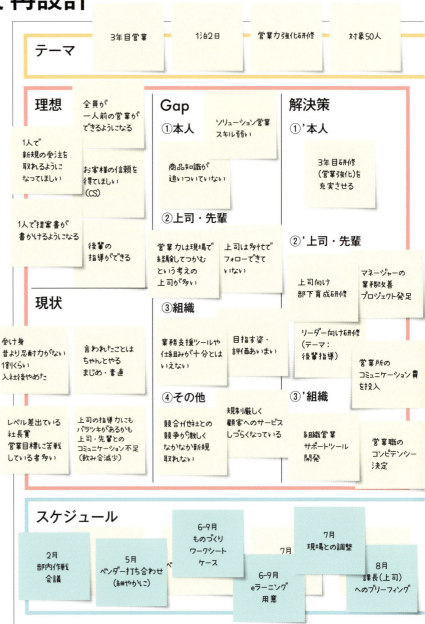

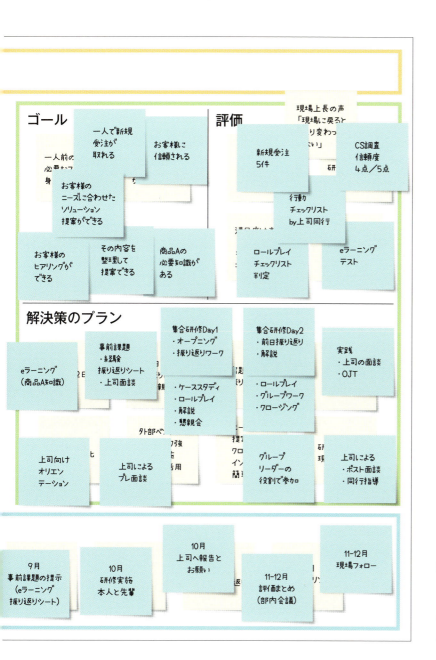

次ページでは、Before／Afterで見比べてみましょう。

第1部 BIDのフレームを学ぶ

Before

BID TREEの〈Before〉と〈After〉を見比べて、改めてどのような感想を持ちましたか？

これまでも自分なりには考えてやってきたつもりでしたが、こうして全体像を見渡して設計し直すと、見えてなかった課題が浮き彫りになりましたね。
やはり、上司の影響力が大きいのだなというのが率直な感想です。

After

そうですね。現場での実践と研修をつなげていくために、企画する人の準備や、部署をまたいでのネゴシエーション・巻き込みなど、上手くプロジェクトをマネジメントしていきたいですね。

はい。より効果的な研修を展開するためにも、BIDの観点をもっと学びたくなりました。

第1部のまとめ
関係者を巻き込み、まずはスタートを切る！

　　第1部では、「鳥の目」を持って課題やゴールを俯瞰するワークを進めてきました。第1部の終わりのこのページでは、今から自社のBID TREEを作成するあなたへ大事なポイントをお伝えします。

3つのポイント

☑ **最初から100点を目指さない！**

　　BID TREEを埋めることに時間をかけすぎて、肝心の行動に移せなければ意味がありません。第1部でもお伝えしたとおり、1周目のワークの際には肩の力を抜いて、「思いつく限り埋めてみよう」という気持ちでスタートしましょう。

☑ **「三人集えば文殊の知恵」を実践！**

　　自分だけではフレームすべてを埋めきれるか自信がないという方もいるかもしれません。そんなときは、周囲に協力をあおぎましょう。例えば、同じ教育担当部門のメンバーに、あるいは営業部やマーケティングチーム、IT関係の部門で気軽に話せるメンバーに1時間ほどミーティングを依頼し、知恵を出し合えるとよいでしょう。

☑ **現状分析の前には下準備を！**

　　「準備ゼロ」の状態で、BID TREEのフレームを埋めようとすると手が止まってしまう可能性があります。そこで、事前準備として過去のアンケートなどを確認したり、ご自身の上司・先輩、トレーニングの対象となるメンバーやその上司にヒアリングをしたり、課題点を洗い出したりした状態でワークに臨んでみてください。

第2部
BID パート演習

　第2部の目的は、BID TREEのフレームをHPIとIDとPMの3つの観点で掘り下げて、理解を深めることです。
　あなたの事例をワークシートに記入しながら、実践につなげられる青写真を描きましょう。

BID TREEを構成する要素

BID TREEの謎を解き明かしましょう。
BID TREEは、3つの要素①HPI、②ID、③PMで成り立っています。
第1部では、フレームをふせんで埋めながら整理をしていきました。
第2部では、この3つの要素がどのような考えで成り立っているかを紐解いていきます。

①HPIとは、Human Performance Improvementの略。ATD（Association for Talent Development）が定義づけており、組織課題解決を人材の視点からとらえる考え方です。人材のあるべき姿と現状のパフォーマンスギャップを洗い出し（ビジネス分析、パフォーマンス分析）、根本的な原因分析を行い、現状とのGapを埋める適切な介入策を検討・選択・実行し（介入策の選択・実施）、実行結果を評価測定するシステム的アプローチです。

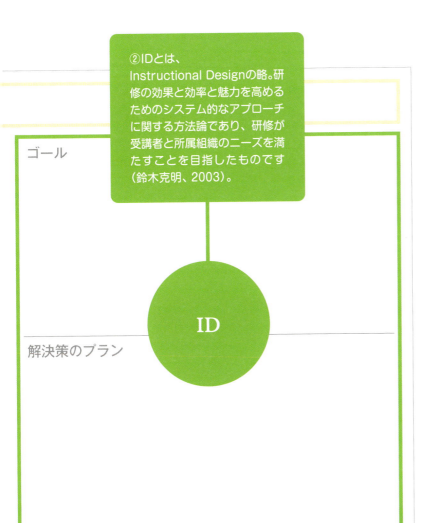

②IDとは、Instructional Designの略。研修の効果と効率と魅力を高めるためのシステム的なアプローチに関する方法論であり、研修が受講者と所属組織のニーズを満たすことを目指したものです（鈴木克明、2003）。

ゴール

ID

解決策のプラン

PM

③PMとは、Project Managementの略。プロジェクトとは、「独自のプロダクト、サービス、所産を創造するために実施する有期性のある業務」です（米国PMIの定義）。プロジェクト活動は、ヒト・モノ・カネを投じて期日内にこれまでに存在しなかったモノを生み出すよう、マネジメントしていくことです。

BIDとは、企業内教育をプロジェクトとしてとらえ、成果創出を導くための全体像をデザインし、効果的・効率的・魅力的なトレーニングを実行するための考え方です。

①HPIの観点で分析をすることで、トレーニングニーズを明確にし、②IDの観点で研修での学びと職場での学びをブレンドした教育設計を行い、コンテンツを開発し、実行・検証し、③PMの観点でこの取り組みをプロジェクト（有期の成果を出すプロセス）としてとらえ、マネジメントを行い、組織のニーズを満たす成果に結びつけます。

第2部 BID パート演習

BID TREEを深掘りする9Worksheets

BID TREEのフレームを活用して、企業内教育をデザインすることができるようになるために、9種類のワークシートを使って、深掘りしていく方法を学びましょう。体を鍛えるときの部位別訓練のようなものですね。

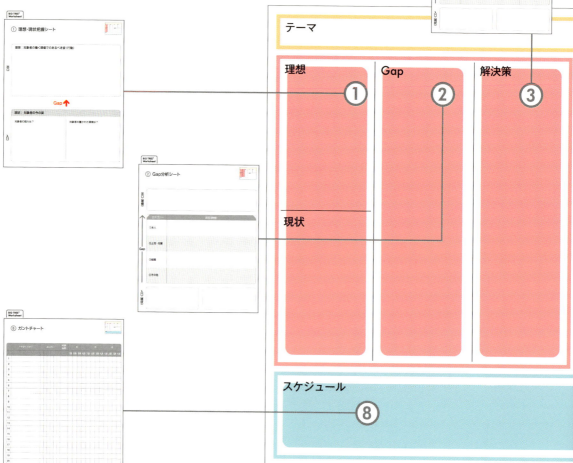

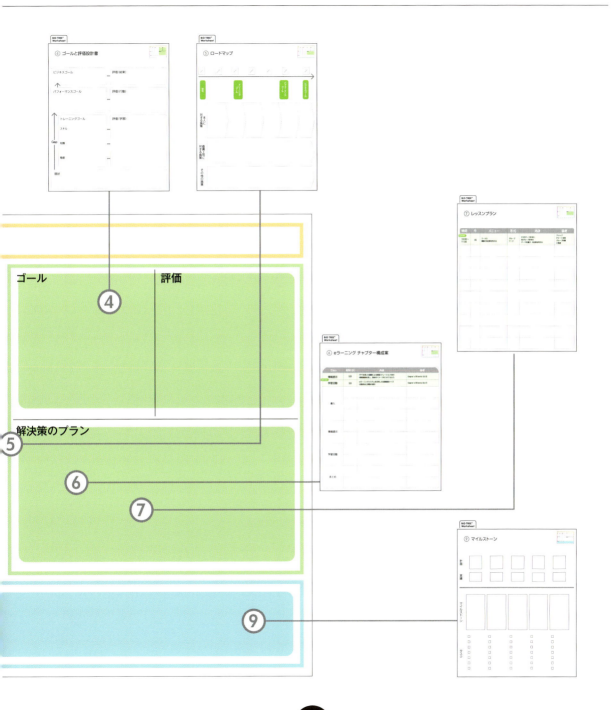

057

第2部 BID パート演習

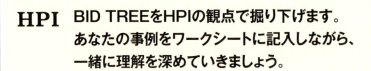

理想と現状を知ろう

企　業内教育を考えるにあたって、そもそも対象者をどこに向かわせようとしているのかという出口（理想）と、その対象者が今どこにいるのかという入口（現状）を知らないことには、よりよい方法を考えることはできませんよね。

　まず、あなたのテーマに合わせて
　① 対象者がどこに向かってほしいのか？　という出口（理想）
　② 対象者が今どこにいるのか？　という入口（現状）
を考えて、右の**Worksheet①**を埋めてみましょう。

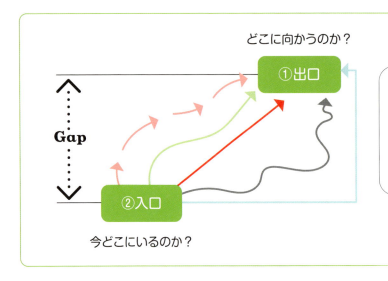

① 理想・現状把握シート

理想：対象者の働く現場でのあるべき姿（行動）

 出口

現状：対象者の今の姿

| 対象者の能力は？ | 対象者の置かれた環境は？ |

 入口

Gapを分析しよう

Worksheet①に理想と現状を書き出したことで、その間にはGapがあることが見えてきましたね。

次は、そのGapが生まれている原因を4つに分けて考えます。

まず、あなたのテーマに合わせて、

① 本人の問題　② 上司・先輩の問題　③ 組織の問題　④ その他の問題　を考えて、下図の記入例も参考にしながら、**Worksheet②**を埋めてみましょう。

ちなみに、一般的には、本人の問題（能力）よりも、それ以外の問題のウェイトが大きいといわれています。

より精緻にGap分析をする場合は、さらに「Whyツリー」を使って深掘りすることもお勧めですよ。
「なぜ？」「なぜ？」を繰り返し、ピックアップしていくことで、本質的な原因が見えてくるでしょう。

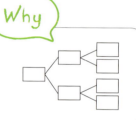

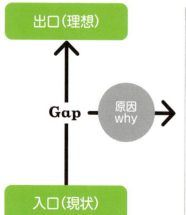

カテゴリー	原因(問題)	記入例
①本人	・本人の有する知識やスキル、マインド面に原因がある ・個人のそもそもの資質に原因がある	××の知識不足 成功経験がない
②上司・先輩	上司からの指導やフィードバックがない、同僚からの支援がないなど、行動を変えるためのヒントが得られないなど	○○の指導に関して体系だって学んだことがない
③組織	ハード面 ツールが整っていないなど、形あるものに原因がある ソフト面 役割が明確でない、ミッションが浸透していない、報酬・昇給の制度が不十分など、システムや仕組みのような形のないものに原因がある	○○のマニュアルがない、会社の目指すあるべき姿を明確に示せていない
④その他	①②③以外のもの、外的環境も含まれる	外部環境が変わり、そもそも○○を実施できる機会が少ない

BID TREE® Worksheet

② Gap分析シート

出口（理想）

カテゴリー	原因(問題)
①本人	
②上司・先輩	
③組織	
④その他	

↑ Gap

入口（現状）

解決策を考えよう

次にWorksheet②で列挙した問題を解決する方法を考えます。① 本人の問題　② 上司・先輩の問題　③ 組織の問題　④ その他の問題　に分けて、それぞれについての解決策を考え、**Worksheet③**を埋めてみましょう。自分(自部門)だけで解決できることに限定せず、広い視点で解決できる方法を列挙してください。もちろんアイディアレベルでかまいません。同僚や他部門の方とブレストしながら考えてみることもお勧めです。

　リソースには限りがありますので、もちろんすべての解決策を実行することはできません。列挙したアイディアをながめた上で、解決策の優先順位を決めます。研修の施策も含めて、実行したほうがよい解決策を選ぶとよいでしょう。

時間のないときには、Worksheet③で一気に、出口(理想)、入口(現状)、原因(問題)、解決策を考えてもよいです。しかし、できれば、出入口のところは丁寧に考えたほうがよりよい解決策が見い出せる可能性が高いです(急がば回れ)。

カテゴリー		原因(問題)	解決策の例
①本人		・本人の有する知識やスキル、マインド面に原因がある ・個人のそもそもの資質に原因がある	・OFF-JT研修　・OJT研修 ・学習ツールの提供 ・採用／昇格基準の見直し
②上司・先輩		上司からの指導やフィードバックがない、同僚からの支援がないなど、行動を変えるためのヒントが得られないなど	・マネージャー研修　・リーダー研修 ・マネージャー　・アセスメント ・組織変更　・コーチングの強化 ・メンターの設置
③組織		ハード面 ツールが整っていないなど、形あるものに原因がある	・ツールの整備(マニュアル、FAQなど)　・十分な予算　・仕事にふさわしい場所の提供　・設備投資
		ソフト面 役割が明確でない、ミッションが浸透していない、報酬・昇給の制度が不十分など、システムや仕組みのような形のないものに原因がある	・ミッションマネジメントの強化 ・Jobディスクリプションの見直し ・報酬・昇格制度の見直し
④その他		①②③以外のもの、外的環境も含まれる	

出口(理想)　↑　Gap　→　入口(現状)

③ 解決策アイディアシート

出口（理想）

カテゴリー	原因(問題)	解決策
①本人		
②上司・先輩		
③組織		
④その他		

Gap ↑

入口（現状）

コラム①
HPIは問題解決アプローチ

HPIは、「ビジネスゴール」(目指す業績)を明確にするところからはじまります。ビジネスゴールを達成するために、次に「パフォーマンスゴール」を設定します。業務状況を分析し、期待されるパフォーマンスと現状のGapを明らかにすることで問題解決の手立てを探るのです。

「人材」の視点からとらえると、Gapを解消していく手段として、多くの方々が「トレーニング」をあげます。人材の現状と目指すべきパフォーマンスとにGapが生じているわけですから、当然だと感じるかもしれません。

ところが、実際にはそう単純ではありません。

突然ですが、ここでドラッカーの名言の1つをご紹介します。

> 問題の分析によって解決案が1つしか見つからなければ、その解決案は、先入観に理屈をつけたにすぎないものと疑うべきである。

つまり、解決策は「トレーニング」だけだとは限らないのです。

HPIは、問題解決のためのアプローチです。以下のステップに沿って、問題の本質(原因)を突き止めるべく、Why→What→Howの順番で考えていくことで、適切な解決策を導き出すことができるのです。

問題解決のステップ

Step1	Step2	Step3	Step4	Step5
問題(Gap)をとらえる	問題の本質(原因)を突き止める	課題を設定する	解決策を立案する(アクションプラン)	実行する

- Why(なぜ?)で考える
- What(何が課題か?)で考える
- How(どうやって?)で考える

コラム②
個人の問題20％、組織の問題80％

　自分自身のことや自分が所属している会社や組織を思い返してみてください。
　仕事上でパフォーマンスを現状よりも向上させようとしたとき、どんな障害が存在するでしょうか。
　予算や業務プロセス、承認フロー、上司、モチベーション、知識、スキル、情報共有、そして評価制度など。さまざまな事項がパフォーマンスに影響を与えていることに思いあたるでしょう。

　どの企業にも多かれ少なかれ「組織構造・インフラ」や「資源・業務プロセス」、「人材マネジメント」、「モチベーション」などの課題が存在します。人材に対してトレーニングを実施するだけでは、パフォーマンス向上に向けた課題を真に解決することにはつながりません。
　なぜでしょうか？　それは、トレーニングだけでなく、個人が存在する環境面の改善や支援も必要だということなのです。

　HPIの世界では、パフォーマンスの問題のうち約80％は組織の問題、約20％が個人の問題であるともいわれています。ゴールを達成するためには、問題の所在を整理することが必要不可欠だといえるでしょう。

個人の問題20％

組織の問題80％

第2部 BID パート演習

ID

BID TREEをIDの観点で掘り下げます。
あなたの事例をワークシートに記入しながら、
一緒に理解を深めていきましょう。

ここからは、IDのゾーンに入っていきます。

ゴールと評価をデザインしよう

Gapを埋める施策として、優先順位の高い研修テーマが決まったら、研修のゴールと評価をデザインしましょう。研修には、以下の3つのゴールがあります。

① ビジネスゴール　　② パフォーマンスゴール　　③ トレーニングゴール

3つの「ゴール」を記載する際に、「ゴール」と合わせて、その「評価手法」と「評価のタイミング」もデザインしておくことがポイントになります。「評価手法」を決めておかないと、対象者が、何ができるようになればゴールに到達したと判断すればよいのかがわからず、ゴールを見失ってしまいます。下図を見ながら、**Worksheet④**を使って、ゴールと評価をデザインしましょう。

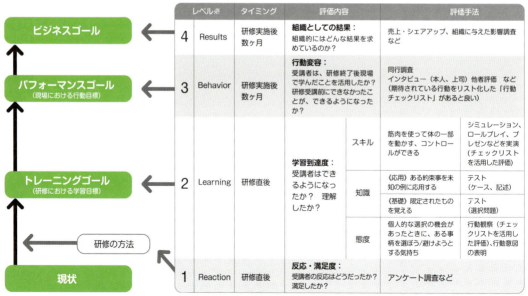

※カークパトリックの4段階評価モデル

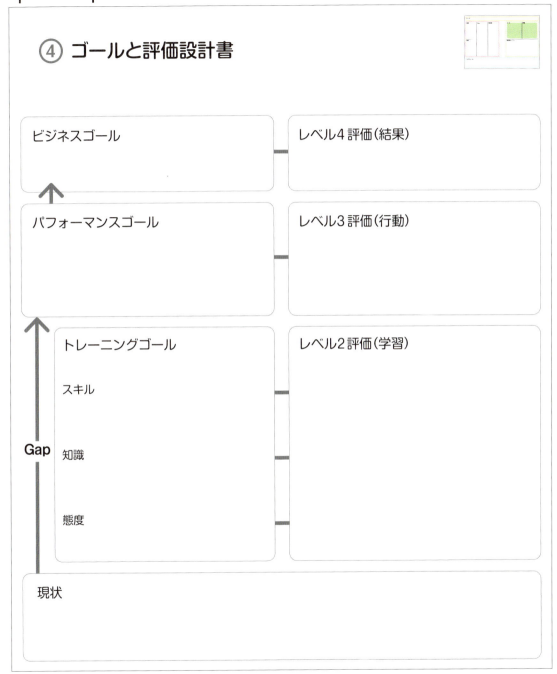

ロードマップを描こう

G apを埋める教育的な施策は、数多くあります。それらをどのようなロードマップとして組み合わせれば効果的・効率的・魅力的になるでしょうか。「本人に対する施策」と「直属上司に対する施策」「その他の施策」の3つの観点で考えていきましょう。

特に、研修の対象者（本人）にとっての直属上司は、対象者の行動変容を促すためにもキーパーソンとなります。多忙な管理職である直属上司をフォローするための施策についても検討しておきましょう。

下図を参考に**Worksheet⑤**を使ってロードマップを完成させましょう。

組合せの例としては、
① 事前課題としてeラーニングである程度の知識をインプットしてきてもらって、集合研修ではアウトプットを中心に実施する
② 集合研修でイメージをつけてから、後追いで事後課題的にeラーニングで知識の補完や情報の共有を行う
③ ①や②に現場でのOJTやフォローアップ研修を組み合わせる
など、ブレンドの方法はさまざまです。

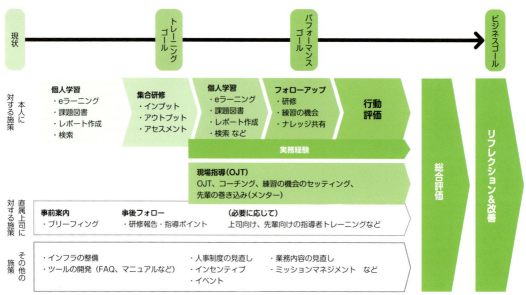

BID TREE® Worksheet

⑤ ロードマップ

| 現状 | トレーニングゴール | パフォーマンスゴール | ビジネスゴール |

本人に対する施策

直属上司に対する施策

その他の施策

eラーニングの構成を考えよう

昨今は、eラーニングを活用した研修も多く取り入れられています。新たな知識を学習する目的だけの研修であれば、効率を考えてeラーニングを有効活用してもよいでしょう。学校教育の世界でも、反転学習といって、事前に独学(eラーニングなど)で知識のインプットを済ませてきてもらい、対面で研修する際には、人が集まったからこそできるディスカッションや実演練習などのアウトプットを中心に行うというやり方が取り入れられています。

では、独りで学ぶこととなるeラーニングをより効果的なモノにするためには、どのような建てつけにすればよいでしょうか。そのようなときに参考になるID理論が下図に示す「Gagne's 9Events of Instruction」です。脳の働きに沿って展開していくことで、学習者(本人)が効果的に学ぶことができるといわれています。この9つのイベントを意識しながら、**Worksheet⑥**を使って、eラーニングの構成を考えてみましょう。

> このガニェ先生が提唱している9Eventsは、eラーニングの構成を考えるときはもちろんのこと、集合研修のレッスンプランを検討する際にも使える考え方です。
> ただ、大人相手の研修で、9つのイベントを丁寧にレッスンプランに組み込みすぎると、与えすぎ・教えすぎの研修になりがちです。自分たちで考えさせること(自主性)を意識して活用しましょう。

Step1 導入

① Gain attention 注意を喚起する
例: 学習テーマに即したトピックスの話からスタートする

② Inform learner of objectives 目標を知らせる
例: 学習の目的や目標を明確に示し伝える

③ Stimulate recall of prior learning 前提知識を思い出させる
例: 今回のテーマと紐付く既に知っていることを思い出させるためのクイズを出したりするなど、脳の準備を助ける

Step2 情報提示

④ Present the Content コンテンツを提示する
例: 今回何を学ぶのか具体的に知らせるために、資料を配る、PPTを用いて講義をする

⑤ Provide guidance 学習指針を与える
例: より理解を深めるために、具体例を示したり、ビジュアルを見せたり、メディアを活用したりする

Step3 学習活動

⑥ Elicit performance (Practice) パフォーマンスを引き出す/練習する
例: 脳へのインプットから脳からのアウトプットを意識して、ドリル問題にトライしたり、実際に体を動かし練習する(安心して失敗してOKだよ!)

⑦ Provide feedback フィードバックを与える
例: 練習を見ていた講師がコメントを与えたり、eラーニングであれば、自動採点し、間違っていれば正しい答え・解説を提示する

Step4 まとめ

⑧ Assess performance 学習成果を評価する
例: 当初掲げていた学習目標を達成したかどうかを測定するためのペーパーテストや実演テストを実施し、採点する(合否判定)

⑨ Enhance retention & Transfer to the job 保持と仕事への応用を強化する
例: 研修の最後に今日何を学んだのか、そして、今日学んだことをどのように仕事に活用するかをまとめシートやフリップチャートに書いてもらう

Gagne's 9Events of Instruction

⑥ eラーニング チャプター構成案

Step	時間(分)	内容	備考
情報提示	5	・PPTを用いた講師による解説(ナレーション付き) ・模範動画を流し、具体的なイメージをつけてもらう	Gagne's 9Events ④と⑤
学習活動	3	・eラーニングシステムを活用した知識確認クイズ ・自動採点と解説の提示	Gagne's 9Events ⑥と⑦
導入			
導入			
導入			
情報提示			
情報提示			
情報提示			
学習活動			
学習活動			
まとめ			
まとめ			

071

集合研修のレッスンプランを考えよう

集合したときのレッスンプラン、研修の進め方を具体的に考えていきます。学習者（本人）の自主的な学びを促して、現場における活動にも役立ち、上司も上手く巻き込み、パフォーマンスゴールを達成するようなプランにするためにはどうすればよいでしょうか。
Worksheet⑦に考えたプランを書いていきましょう。1行目に書き方の例を示しましたので参考にしてください。

また、下図に示した、「Merrill's Principles of Instruction」の考え方を参考にして、今回のあなたのテーマにあった、レッスンプランを考えてみましょう。

> このメリル先生が提唱している5つの法則を捉えた上で研修を考えていくと、自主的な学びに誘えるというものです。知識のインプットは、個人学習で事前に済ませておくと、集合したときには、現実的な課題をもとにして、集まったときだからこそできる"チーム学習"を効果的に行うことができるでしょう。この原理に沿って研修を行うには、講師にはファシリテーションスキルが必須となってきます。

① Problem Centered 現実世界の課題を取り上げる

現実に起こりそうな課題や問題を中心に指導すると、学習者はより多くのことを学びます。

例）実際によくあるケースを提示して、自分たちで考えさせるところから開始します。ここはいきなり現実的なケースに没頭させなさいというところが特徴的です。

② Activation 活性化する

過去に学んだ知識を思い出したり、まとめたり、新しい知識学習の基礎となる構造化をすることで、学習者はより多くのことを学びます。

例）グループワークで、与えられたケースを自分たちで知恵を出し合い、答えを導き出すというやり方を取ります。自分たちが知っている知識を最大限活用させます。大切なのは、ヒントを与えすぎない、先に講義をしないという点です。フリップチャートなどにディスカッション内容をまとめさせるとよいでしょう。

③ Demonstration 例示する

現実世界の課題や問題の文脈に合わせて、新しい知識を示すと、学習者はより多くのことを学びます。

例）グループワーク後に、知識を整理するために講義を行ったり、新たな知見を与えるためにも、提示したケースに照らしながら"例示"を講師から行います。具体例を示しながら解説を行うと、納得感が高まり理解も深まります。

④ Application 応用する

実際の作業を実行したり、実際の問題を解決する際、学習者はより多くのことを学びます。

例）より理解を深めるためにも、最初に提示したケースの応用問題にトライさせたり、ケースで学習したことを実際にやってみる場を与えます。練習を重ねることで学習者に自信もつきます。

⑤ Integration 統合する

新しく得た知識やスキルを振り返ったり、議論したり、実際の現場への統合（転移）することが奨励されるときに、学習者はより多くのことを学びます。

例）現場で活用してしっかりと振り返るチャンスがあるように、現場での上長の指導にもうまく紐づけていくことも重要です。研修の最後には実際に何を行うかのアクションプランを作成してもらい、そのプランを上長につないでいくことがポイントとなるでしょう。

Merrill's Principles of Instruction

⑦ レッスンプラン

時間	分	メニュー	形式	内容	備考
Sample 10:00〜 11:00	45	ワーク① ●●の対応策を考える	グループ ワーク	3つのテーマを与え、 各グループで好きな テーマを選び、対応策を考える	Merrill's principles ④

佐藤さんのノート

第1部で取り上げた、佐藤さんの事例を紹介しましょう。

赤丸で示した、IDのゾーンは、実際に研修を実行していくとなると、詳細に考えておく必要があるので、Worksheet④、⑤、⑦を書いてみましょう。

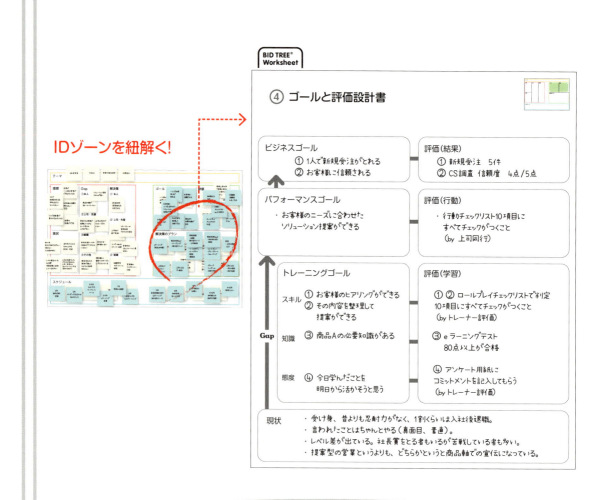

いざ、深掘りして書いてみると、難しいですね(>_<)でも、worksheetを埋めていくことで、不明瞭なところが明確になったので、何を自分がすべきかがわかりました！

BIDTREEは、鳥の目で全体感をとらえるためのフレームなので、ポイントを簡単に書き留めていました。虫の目になってドリルダウンして書くと、より具体的になり、実行しやすくなっていきますよね！
よい感じです♪

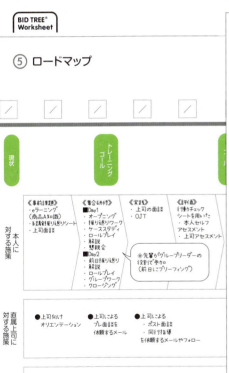

コラム③
直属上司の巻き込みとフォローアップが教育の鍵

「社会人の学びの9割は職場にある」といわれています。その職場の教育機能を重視した考え方が、「WPL(ワークプレイスラーニング)」です。

WPLとは、「個人や組織のパフォーマンスを改善する目的で実施される学習と、その他の介入の統合的な方法」のことで、一言でいえば「学びの全体像」です。どれだけ研修に力を入れたとしても、その後の職場でのフォローや実践に結びつけるサポートがなければ、パフォーマンスゴールに到達することはできないのです。

「職場での学び」には、①WEBや書籍などを利用した情報からの学び、②上司・先輩のOJTや対話からの学び、③自分の経験を実践に活かしていく学びの3つが含まれます。

教育担当者は、参加者が職場でどのような課題意識を持って業務にあたり、どのような解決を期待して研修会場に来ているかを加味して、研修をデザインしていく必要があります。魅力的な研修を目指すだけでなく参加者のその後の実践にしっかりと活かせるような設計を心がけましょう。参加者が学んだことを現場に持ち帰り、どのように活かして、会社に貢献していくか、というところまでデザインすることが大切です。本書のp.97でご紹介するノバルティス ファーマ株式会社はその点が上手くデザインできている好例です。

ワークプレイスラーニングの発想でデザインする

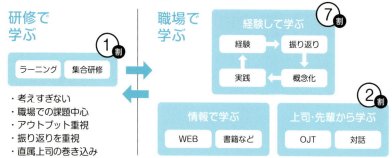

コラム④
リフレクションを重視した経験学習モデルを回す

　経験学習モデルは、デービッド・コルブが提唱した「経験から学習していくには、4つの活動を繰り返す必要がある」と考えるモデルです。

① 具体的な「経験」をして
② その内容の「振り返り(リフレクション)」をして
③ その体験から得られた成果(学び)を「概念化」し
④ 概念化した成果を応用して「実践」すること

　普段現場で後回しにしてしまいがちなリフレクションの場を用意できるのが研修です。研修では、振り返る場を与え、概念化の支援を行います。このように、抽象度を上げて概念化できていれば、実践の場で研修での学びを活用することができようになります。

　経験学習モデルは、直属上司が現場でのコーチングの際に、繰り返し活用することができるモデルです。教育担当者は、直属上司が集まる会議や研修の際に、このモデルを紹介し、部下の経験学習が最大化するように誘えるとよいでしょう。なお、この経験学習モデルを活用しているのが、p.107でご紹介する株式会社スターフライヤーの事例です。ぜひ参考にしてください。

経験学習モデル

経験	振り返り(リフレクション)
学習者は、実践経験の中で様々な経験(成功・失敗)を積んでいく	経験を振り返って、その後に役立つ「エピソード」を学習者自身が抽出する

実践	概念化
普段の実践の中で、「マイセオリー」を活用する	「エピソード」を検討して、学習者独自の知見「マイセオリー」を紡ぎ出す

第2部 BID パート演習

PM BID TREEをPMの観点で掘り下げます。
あなたの事例をワークシートに記入しながら、
一緒に理解を深めていきましょう。

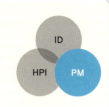

研修をプロジェクトとしてとらえよう

ここまでは、HPIとIDを学んできましたが、ここからは、PM（プロジェクトマネジメント）についてお話します。

プロジェクトとは、通常の業務以外で、ビジネスゴールを達成するために期間を限定して実施する業務（作業）の総称ととらえることができます。研修を"プロジェクト"としてとらえて、準備から評価までを"マネジメント"していくことが、非常に大切なのです。

HPI、IDという観点で、課題抽出や研修の設計は行っているので、PMで定義されているるすべてを実行する必要はないのですが、特に大切な部分に焦点を絞って一緒に学んでいきたいと思います。

PMの視点(p.79)を踏まえて、下記の計画・実行・コントロールのプロセスにおいて、どのようなことを行う必要があるかを考えます。

プロジェクトマネジメントのプロセス

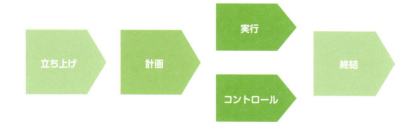

HPIとIDの考えをふまえた上で特に必要なPMの視点

ステークホルダーマネジメント

利害関係を一致させる

　研修は、関係する部署・人が多いため、誰がこの研修プロジェクトの成功の鍵を握っているかを特定し、その鍵となる人物にしっかりと目的や背景、期待される成果などを伝え、その方の意見を聞いて進めていくことが重要です。ステークホルダーには、プロジェクトに肯定的な人も否定的な人もいます。利害関係をどのようにまとめるかも、教育担当者の手腕にかかっています。一度、関係するステークホルダーの相関図を作成するとよいでしょう。上役の方が多いですから、上手くボスマネジメントも行いましょう。

コミュニケーションマネジメント

ツールを使った円滑なコミュニケーションをとる

　研修が受講者の行動変容につながるための最重要人物は、①受講者の上司、②教育担当部門長です。それら以外にもプロジェクト内外に関係者は多く存在します。内外の関係者とのコミュニケーション方法（報告書、報告頻度、会議Agenda、議事録フォーム、会議頻度など）をプランニングして実行・修正していくことが大切です。

人的資源マネジメント

最適な人員体制をとる

　研修プロジェクトを動かす人をどのように編成していくか、プロジェクトの大小にかかわらず最適な人員体制の見極めは成功には不可欠です。プロジェクトに関わる人と役割を明確に定めましょう。

タイムマネジメント

最適な時間管理を行う

　プロジェクトは有期的活動ですから、必ず開始と終了があります。品質と時間をバランスして最適な終了時期を設定して、時間を意識して進めます。

コストマネジメント

先を見据えた予算管理を行う

　費用がどの程度かかるのか、現時点でどの程度かかっていて、あとどのくらい使えるのか。費用の進捗を確認していきます。どうしても必要な場合には、追加予算の取得を掛け合う仕事も担うことになります。この研修プロジェクトがいかに重要であるか、どのような成果が期待できるかを示し、必要な予算を確保することと、その進捗管理が大切です。

第2部 BID パート演習

プロジェクトマネジメントを実践しよう

次に、プロセスの中の「計画プロセス」と「実行・コントロールプロセス」を5つのマネジメント視点ごとにさらに分解し、プロジェクトマネジメントをどのように実践すればよいのかを考えていきましょう。

		計画プロセス
人間関係的視点	ステークホルダーマネジメント	□ ステークホルダーのプロジェクトへの関与度合いを分析する □ 影響度や報告内容、報告頻度、情報開示度合いや方法などを計画する
	コミュニケーションマネジメント	□ 会議開催方法、報告方法、情報収集方法や意思決定プロセス、ツールなどを計画する 　○ 情報の発信者を誰にするか？ 　○ どのような様式で報告をするか？ 　○ 誰に対して、頻度は？ エスカレーションの方法は？ など
	人的資源マネジメント	□ プロジェクトを成功に導くために必要なプロジェクトメンバーを検討する（保有知識やスキルなどを考慮して） □ 役割や責任、権限期限、ルールなどを設定する □ メンバーの能力の最大活用を図るプランを立て、必要があれば育成プランも立てる
管理的視点	タイムマネジメント	□ プロジェクト全体のスケジュール、作業工程、担当者、責任者、工程時間などを優先順位、成果物、調達が必要な資源（インフラやシステム、ツールなど）などを踏まえてタイムスケジュールを計画する
	コストマネジメント	□ 費用項目に抜け漏れがないように費用を算出し、予算化する（人件費やトラベルなども含む） □ 予算部門が他部門の場合や折半の場合には、該当担当者とのやりとりを行い設定する

WBS(※)	役割分担表 見積り工数・時間	ステークホルダー相関図	ガントチャート	役割分担表	予算表
①作業を分解し、洗い出す	②役割分担し、所要時間を見積もる	③ステークホルダーとのコミュニケーションを検討する	④スケジュール（ガントチャート）を作る	⑤リソース（役割分担）の調整を行う	⑥予算を作成する

※ワークブレイクストラクチャー

計画プロセスでは、研修プロジェクトをどのように進めるか、計画を練り上げていきます。
ここでは、実は検討することが多いです。研修内容（コンテンツ）をどのように作るかは、前述しているIDの考えに沿って「研修計画書」を作成していけばよいですが、それ以外にも研修の実施に当たって成果を出すためのさまざまな準備が必要です。

ガントチャートを作って、進捗管理を行うことがポイントです。スケジュールを作り上げていく際には、下の表の項目が適切なタイミングで入ることが大切です。特に、「人間関係的視点」のPMの項目は重要ですね。

実行・コントロールプロセス

☐ Win-Win：
　利害関係の相違があるステークホルダーと関係を構築するために、問題抽出や交渉、コンフリクトマネジメントなどを行う

☐ 事前に立てたコミュニケーションプランに基づいて、情報が管理されているか（文書、電子など）？
☐ システムや報告書類が利便性が良いか？
☐ 対面のコミュニケーションに問題はないか？

☐ チームメンバーの育成を行う
☐ 人間関係構築はプロジェクト成功には非常に重要であり、そのためにメンバーの評価も適切に行い、必要があれば指導する
☐ 時にはコンフリクトが生じるのでその解決も行う
☐ 場合によっては、離脱を伝えることも必要

☐ プロジェクトスケジュールの状況把握をして、必要があればスケジュール変更をしたり、スケジュールを固定した上でプロセスや成果物を見直す

☐ （プロジェクトが進行すると必要な予算にも変化が生じてくるので、）先んじて状況を把握する
☐ 追加予算が必要な場合は申請し、費用がかかりすぎている場合には問題解決を行う

進捗報告
⑦ガントチャートを用いて進捗管理を行う
（報告時はマイルストーンも活用）

終了報告
⑧振り返りを行う

　実行・コントロールプロセスでは、研修の実施は、研修計画に沿った形で行いますが、研修の実施前～実施後の進捗状況の報告が必要です。
　最後には、全体を振り返ることも重要です。研修の内容そのものもそうですが、次に活かすためにも、研修プロジェクトの立ち上げから研修実施までの全体の振り返りが必要となります。

第2部 BID パート演習

ガントチャートを書いてみよう

ガントチャートとは、下図に示すような、プロジェクトを管理するためのスケジュール表のことです。プロジェクトの全体を俯瞰して見ることができます。What, Who, When, Howが表現されており、進捗状況も共有しやすく、大変便利なものです。

ガントチャートには、作業内容、担当者、期限等を記載します。右の**Worksheet⑧**を使って書いてみましょう。実際には、Excelで作成することをお勧めします。

【手順】ガントチャートの書き方

1. WBSをもとにおおよそのタスク（作業アクティビティ）を書き込む
2. プロジェクトメンバーと役割を書き込む
3. しめきりを見据えて所要期間を決める
4. 各工程の実施期間に線を引く

このプロジェクトを成功させるためのキーマンに対して何をいつどのように行うかなどを検討します。

例

（ガントチャートの例：アクティビティ、メンバー、所要期間、6月〜11月のスケジュール表）

⑧ ガントチャート

	アクティビティ	メンバー				所要期間	月				月				月			
							1週	2週	3週	4週	1週	2週	3週	4週	1週	2週	3週	4週
1																		
2																		
3																		
4																		
5																		
6																		
7																		
8																		
9																		
10																		
11																		
12																		
13																		
14																		
15																		
16																		
17																		
18																		
19																		
20																		

マイルストーンを設定しよう

マイルストーンとは、長期にわたるプロジェクトにおいて、最終目的地にたどり着くまでの進捗を管理するために、途中に設ける節目のことです。たとえば、「研修企画案決定」「経営陣からの承認を得る」「経営会議へ打診する」「予算の承認を取る」など、ガントチャートから鍵となるポイントを抽出して、全体の流れを把握するために使います。このマイルストーンの進捗そのものが、経営会議などの重要な場での報告の骨子にもなります。つまり、ガントチャートとマイルストーンは作る目的が違うのです。Worksheet⑨に書き込んでみましょう。

マイルストーンに必要なポイント
① 期限を記載する
② 担当者（タスクの分担）を記載する
③ 具体的なタスクを記載する
④ 実績を簡単に記載する

ガントチャートは作業用には便利なツールですが、報告用としては細かすぎます。そのため、大切なところを抜粋しマイルストーンとして表現したほうが、俯瞰して見ることができ、納得を得られやすいというメリットがあります。

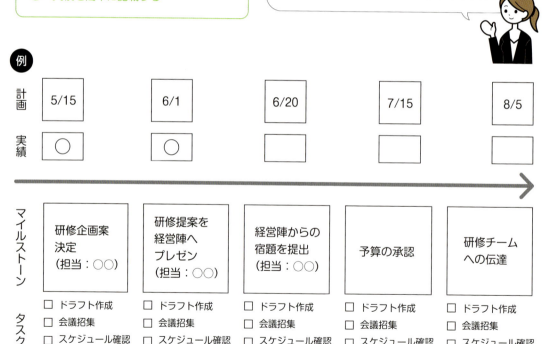

⑨ マイルストーン

計画

実績

マイルストーン

タスク

コラム⑤
プロジェクトマネジメントの視点を持ち、教育を成功へ導く

　教育研修部門は、業務そのものが「プロジェクト」の積み重ねであるととらえる必要があります。ルーティン的な業務がそれほど存在せず、現状の問題を解決したり、未来の理想に向けた課題を達成したりするための研修を、企画し実行することが主たる仕事であるからです。

　そのためには、教育担当者のプロジェクトマネジメント的な視点が欠かせません。研修の準備から終了までを綿密にマネジメントする必要があるのです。

　1つの研修を場当たり的に成功させても意味がありません。本書の第1部、第2部で学んだように、社員のパフォーマンスを向上させてビジネスインパクトを生み出すためにさまざまな手段が必要であり、そのうちの1つが研修であるということを認識していく必要があります。
　常に研修とその他の施策を掛け合わせて、周囲をどのように巻き込めば研修成果を最大化することができるかを考えて動いていく必要があるといえるでしょう。
　その動き方を体系化しているのが、プロジェクトマネジメントです。

プロジェクトマネジメントの視点で特に重要なのは、下記の6つのポイントです。
① 範囲（スコープ）と成果物を明確にする
② スケジュールを明確にする
③ 誰をチームに巻き込むか熟考する
④ 必要な資源を最適に判断する
⑤ 関係者をもれなく洗い出し、コミュニケーションを図る
⑥ 時間の経過とともにブラッシュアップする

コラム⑥
プロジェクトマネージャーに必要な4つの素養

　教育担当者は、教育を1つのプロジェクトととらえて、それを成功に導くようにマネジメントをしなければなりません。そこで、プロジェクトマネージャーに必要な4つの素養をご紹介します。

① 強い情熱
プロジェクト成功に向けて、強い情熱を持ち続け、達成するまで諦めないこと。

② 顧客への焦点
「誰を幸せにするのか」を明確にし、その対象者の満足に向けて行動すること。

③ あいまいさへの対応
役割や意思決定者が不明瞭な場合でも最適な対応を行うこと。
実は、役割分担が明確なプロジェクトはそう多くはありません。ときには、プロジェクトマネージャーより高い役職の人が口を出してくるケースもあります。そんな中でも、プロジェクト成功に向けて適切なジャッジをする必要があります。

④ 柔軟な修正
課題に対して柔軟に対応し、手段に修正を加えられること。
プロジェクトは、想定外のことが起こるものです。それでも、臨機応変に手段を修正して、プロジェクト成功に導かなくてはなりません。

強い情熱	顧客への焦点
あいまいさへの対応	柔軟な修正

第2部 BID パート演習

BID TREE

BIDTREEのブランクフォームを用意しました。
第2部で学んだことをイメージして、全体像に戻り、書き込んでみましょう。

テーマ

理想　　　　Gap　　　　解決策

現状

スケジュール

ゴール	評価

解決策のプラン

第2部 BID パート演習

BIDプロセスのまとめ

❶ Bird-eye

BID TREEを埋める。全体像を俯瞰して見る。

❷ Bugs-eye

9Worksheetsを使って深掘りをし、BID TREEを修正する。

研修を計画し、実行するプロセスは、以下のようにまとめることができます。まずは鳥の目でBID TREE（全体像）をつかみ、第2部で見てきたように、詳細なWorksheetを用いて、ドリルダウンします。そうすると、はじめに描いたBID TREEの全体設計の修正ポイントが見えてくるでしょう。こうして、完成したデザインをもとに、もの作りを行い、研修を実行し、研修効果測定（評価）を行い、次に向けて改善するのです。

❹ Evaluation

効果測定を行い、分析評価し、次に向けて改善する。

❸ Action

デザインをもとにもの作りやネゴシエーションし、
状況に応じて現場と連携し、柔軟に対応しながら、実行する。

第2部のまとめ

☑ HPI、ID、PMをおさえて企業内教育のプロへ

　第2部では、HPI、ID、PMを学んできました。第1部では「鳥の目」で俯瞰することを示しましたが、第2部は「虫の目」を持ち、実働につなげるイメージを持っていただきたいと思います。
　Why、What、How、When、Whoを書き出し、具体化していくことで、効果的なアクションにつなげていくことができます。

HPI　…ここではWhyを追究しました。「なぜ？」を重ねることで、必要な実行項目が見えてきます。そうして考え抜いて見えてきた教育の必要性は、揺らぐことがありません。教育の土台、必然性を構築する重要なパートです。

ID　…ここでは教育を実行項目にまで落とし込んでいきました。フレームを埋めていけば、おのずと実行プランも完成します。そのため、改めてプラン作成に時間を割く必要がなくなり、一石二鳥です。WhatやHowが明確になってくるでしょう。

PM　…実行プランに必要な「ヒト・モノ・カネ」を明らかにしていきます。スケジュールを加味しながら、いよいよアクションへつなげていきましょう。精緻に無理なく組み立てていくことが重要なポイントです。さらにWhenやWhoも明確になってくるでしょう。

　HPI、ID、PMをマスターできれば、あなたは間違いなく企業内教育のプロフェッショナル！　胸を張って実行に歩を進めていきましょう。

第3部
物語から学ぶBID

第3部では、実際の企業事例を取り上げます。各企業がどのようにBIDの考えを導入し、実践していったのかをフレームにあてながら学んでいきましょう。

Case1

製薬 × BID

過去に実施された研修をリバイスして、トレーニング部門全体にBIDがインストールされている事例です。BIDの考えに基づき「営業マネージャー向けコーチング研修」を設計・開発・実施したストーリーを製薬業界のグローバルリーディングカンパニーのノバルティス ファーマ株式会社岡村和枝さんと長谷川文夫さんに聞きました。

この事例のポイント

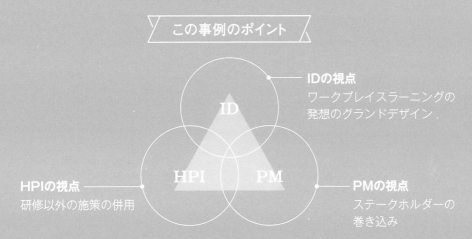

IDの視点
ワークプレイスラーニングの発想のグランドデザイン

HPIの視点
研修以外の施策の併用

PMの視点
ステークホルダーの巻き込み

会社概要

- 会社名：ノバルティス ファーマ株式会社
- WEBサイト：https://www.novartis.co.jp
- 創業：1997年
- 事業内容：ノバルティス ファーマ株式会社は、スイス・バーゼル市に本拠を置く医薬品のグローバルリーディングカンパニー、ノバルティスの日本法人です。ノバルティスは、より充実したすこやかな毎日のために、これからの医薬品と医療の未来を描いています。ノバルティスは、世界で約13万人の社員を擁しており、8億人以上の患者さんに製品が届けられています。

第3部 Case study

BID TREE

テーマ 営業マネージャー向けコーチング研修

理想

営業マネージャーが日常的に部下に対するコーチングを効果的に実施している。その結果、部下の営業職メンバーの質が高まり、成果につながっている状態

現状

- 営業マネージャーには多くのタスクが求められている
- 営業マネージャーのタスクの1つとしてコーチングが求められている
- 社内サーベイの結果から、営業マネージャーのコーチングの質へ課題がある状態

Gap

①本人
- コーチングのフレームと意義の理解がまだ不足している
- "今"求められているコーチングスタイルの実践が不十分である
- タスクの多さから、コーチングにかけるウェイトを上げきれていない

②上司
- 上司からコーチングに関して指導される場が少ない
- 同僚とコーチングに関する悩みを話す場が少ない

③組織
- 過去にコーチング研修を実施したことがあるものの、ここ数年は実施してこなかった

④その他
- 製薬業界の環境変化から、これまでとは指導方法を変える必要が生じている

解決策

①本人
- 実践的なコーチング研修

②上司
- 営業マネージャーの上司を巻き込んだコーチング研修プログラムの提供

③組織
- 上述した研修の提供および継続的なフォローアップ体制の構築

④その他
- 環境変化に対応した新たなコーチングプログラムの設計

スケジュール

7月
BIDを講座で学ぶ
研修設計スタート
(研修企画ははじまっていた)

8月
現場ヒアリング
研修設計のブラッシュアップ
受講者案内等準備

9月
ステークホルダーの巻き込み
研修コンテンツ改善
事前課題案内

10月
WEB研修実施
集合研修準備

Case1

ゴール

- ●ビジネスゴール
  - ・営業所の営業実績の向上
  - ・顧客満足度の向上

- ●パフォーマンスゴール
  - ・営業マネージャーが日常的に効果的なコーチングを行っている

- ●トレーニングゴール
  - ・スキル　部下ごとのコーチングプランを立案できる
  - ・知識　コーチングの意義とフレーム、およびポイントを説明できる
  - ・態度　部下に対してコーチングを実践したくなる

評価

- ●レベル4
  - ・営業実績の前年同期比（○％以上）
  - ・外部調査による評価（前回値からの○ポイントUP）

- ●レベル3
  - ・コーチング評価システムによる部下からの評価（前回値からのUP率○％）
  - ・営業部長による評価

- ●レベル2
  - ・プランの評価（チェックリスト、講師および上司）
  - ・テスト（○％以上合格）
  - ・アンケート

プラン　研修の全体像：約5ヶ月

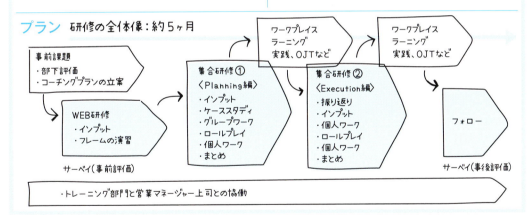

10月　集合研修①実施　終了後の受講者・上司のフォロー

11月　集合研修②実施　終了後の受講者・上司のフォロー

12月　現場フォロー　研修成果のまとめ　フォロー研修の準備

1月　フォロー研修実施　終了後の受講者・上司のフォロー

2月　研修成果のまとめと報告　総合リフレクション

099

第3部 Case study

📝 背景

　ビジネス環境の変化から、医師と同じ目線に立って提案ができるクオリティの高いMR（Medical Representative,医薬情報担当者）が必要とされる時代となっています。ノバルティス ファーマは、そのような背景から6年ほど前からMR向けに毎月実施する研修の設計にIDの考えを取り入れています。

　しかし、MR本人に対する研修だけでは不十分で、MRの指導者である営業マネージャーも同時に育成していかなければいけないという課題に直面。グローバル本社から、日本のトレーニング部門に対して、「コーチング研修」実施のオーダーがやってきます。その担当をすることになった長谷川さんは、オーダーがあった同じタイミングで、BIDの考えを知り、せっかく研修を実施するのであれば、営業マネージャーの役に立つ、効果的・効率的・魅力的な研修にアレンジして実行しようと考えます。

　長谷川さんは、営業マネージャーを経験していたため、「MRの育成は営業マネージャーがKeyである」と考え、この研修にやりがいを持って取り組みました。

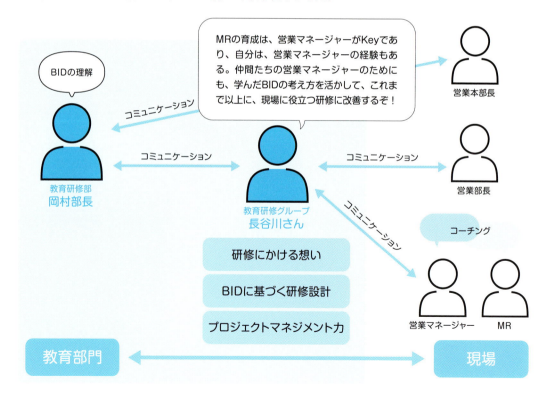

取り組み内容 ①

研修の"Why（なぜ行うのか?）"を明確にする

　受講者やステークホルダーから、なぜ、今、コーチング研修が必要なのかと問われたときに、明確な答えを出せるようにするためにも、「Why」を明文化していきました。今回の受講対象者である営業マネージャー（一部）に直接ヒアリングを行ったところ、「営業マネージャーの負荷は既に多い」「あれもこれもやれと言われても……」「スキル向上と言われてもなかなか難しい」といった声もあがっていましたが、研修の必要性を強く感じたため、研修時にも「Why」をしっかりと伝え、納得してもらえるよう努めました。

① MRの能力向上に改善の余地が残されている（営業スキル、知識など）
② MRの育成は営業マネージャーがKeyである
③ （過去にもコーチング研修を実施したことがあるが）社内サーベイでは、営業マネージャーのコーチングの質が変化していない
④ ビジネスの環境変化があるため、指導方法を変える必要性がある（規制が厳しくなり、顧客との面談機会が減っており、より適切に正しくクオリティが高いMR活動ができるような指導が求められている）

従来の懸念点をクリアする研修設計へ

　過去に行われた営業マネージャー向け研修の課題を洗い出し、それをどうクリアしていくかを検討していきました。

課題	解決策
研修効果に影響力の高い、営業マネージャーの上司（営業部長）の関与が少なかった。	営業部長を巻き込む。何度もネゴシエーションをして研修参加を促す。
研修前後の変化を測定していないため、研修成果が見えにくい。	前後で研修効果測定を実施。
事前課題もなく、研修は単発でその場で学ぶものという存在。	自己学習、集合研修を2回に分け、フォローアップまでを含んだブレンディッドラーニングへ。さらに、ワークプレイスラーニングの発想で実施する。研修そのものを魅力的にするためにID理論（ARCSモデルなど）を活用。
成果につなげるための研修後のフォローがない。	

第3部 Case study

📝 取り組み内容 ②

研修プログラムの見直し

　前述した現状分析で洗い出した懸念事項をふまえ、BIDの考えを取り入れた新しいコーチング研修を設計しました。

　集合研修は、トータル2日間のみ。研修全体は5ヶ月間で構築しました。

　事前学習として、ケーススタディをWEBで解説、そして第1回集合研修。続く2ヶ月間は、ワークプレイスラーニングとして、現場で実践をしてもらいます。さらに、集合研修を1日実施。事後フォローとして、成功体験をメールで提出、サーベイするという仕組みにしました。

　研修が担う部分は、大人の学びの全体の10％程度といわれているため、研修での学びを現場で実践し、連動することで研修効果を最大化することができました。

研修の全体像

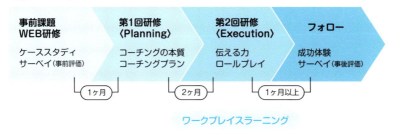

ワークプレイスラーニングの発想でデザインする

成果

レベル1評価（反応）

営業マネージャーの研修アンケートに対しては、9割がポジティブな回答をしました（満足度および実践度ともに、5段階の4以上を約9割が示した）。

レベル2評価（学習）

集合研修中に、営業マネージャーが作成したコーチングプランは、用意したチェックリストをもとに研修担当者と参加者の上司（営業部長）で確認し、必要に応じて指導を行いました。営業マネージャーの積極的な参加もあり、学んだことを活かし、プランニングやロールプレイを行っていました。

レベル3評価（行動変容）

コーチングスキルのスコアが大きく向上

研修参加者のもとで働くMRに対し、「営業マネージャーのコーチングスキル」について尋ねるアンケートを後日実施したところ、過去最高の評価を記録することができました。

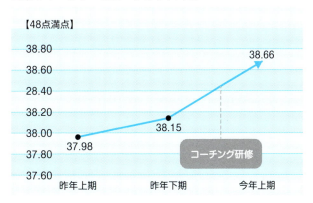

📝 教育担当者の声

本研修を設計・実施した長谷川さんの声

　まだまだコーチングについての課題はありますが、一定の手応えを感じることはできました。営業マネージャーは、つい売上だけに目がいきがちです。しかし、今では優れたMRを育成していきたいという意識も確実に育ってきていると感じます。

　研修にBIDの考えをインストールするメリットを私なりに考えました。

①質の向上

教育研修部という組織において、全員がBIDを理解し共通言語となることで、研修全体がデザインされ、研修の質を継続的に向上することができる。

②現場との協働（一体感）

現場感覚とIDの理論を融合することで現場ニーズを満たし、理解度の高い研修をデザインし、実践する結果として対象者の満足度を高め、行動変容を実現できる。

③成果に貢献

研修ありきではなく組織のニーズに合わせ打ち手を考えることで、ビジネス全体に対して貢献できる。

教育部門責任者　岡村部長の声

　私自身もBIDの考え方を学び、理解していますし、また現場の営業マネージャー経験もあるので、長谷川さんが企画・運営する研修を後方支援する立場として社内調整を行いました。長谷川さんがリーダーシップを取って動いてくれていたので、現場からも役に立ったと言ってもらえる研修が実施できました。

　今回のように、成果につながる研修を現場に展開できるように、まずは、私の組織メンバーである教育担当者がBIDやファシリテーションなどの教育に必要な知識・スキルをインストールしていることは大前提だと考えています。

　また、現場に対して、より効果的な研修を展開できるように、社内のステークホルダーとの連携が上手くいくよう環境を整えることは重要ですし、そこは私の大切な役割の1つでもあると思っています。

Case1

① HPIの視点

受講対象者をはじめ、その他の社内のステークホルダーの理解を得るためにも、丁寧に現状分析を行い、その結果、現場にフィットした研修を提供することが可能となりました。

教育担当者は、つい、What（何をするか）、How（どうやって研修を行うか）を先に考えてしまいがちですが、長谷川さんはWhy（なぜこの研修が必要か）の明確化からスタートしていったことがGoodポイントですね！

② IDの視点

効果：ワークプレイスラーニングの発想で、単発的な研修とせずに、トータル5ヶ月間をかけた、事前課題、Web研修、2回の集合研修、インターバルの実践&OJT、そしてフォローアップを組み合わせたブレンディッドラーニングとしてしっかりとデザインされていました。

効率：グローバル本社から提示されたパッケージを上手く加工して、効率よく研修教材が開発されていました。

魅力：受講対象者のニーズを事前にヒアリングし、どこに興味があるのか、どこを強化すればよいのかが事前に把握されているので、営業マネージャーが「おもしろそうだな」「やりがいがありそうだな」「やればできそうだな」「やってよかったな」という気持ちにさせる仕掛けがなされていました（ID理論の1つである、ARCSモデルを参照にしたプログラム）。その結果が、アンケートの反応にそのまま表れていますね。

③ PMの視点

長谷川さんの情熱と、人を巻き込むマネジメント力があってこその事例であったと思います。成果につながる研修にするためのKeyパーソンであるとされる「受講者の上司」（今回の場合は営業部長）を研修に上手に巻き込み、また、ご自身の上司とも上手くコミュニケーションを取って、円滑に長期的な現場巻き込み型の研修プログラムを運営していました。

Case2
航空 × BID

今、日本のパイロットの育成は大きな転換期をむかえています。国土交通省からはどのような通達がなされ、そして、それを現場はどう実現しているのでしょうか。現場に合った訓練実現に向け、パイロットの定期訓練・審査を変えた株式会社スターフライヤーの内川雅さんにお話を伺いました。

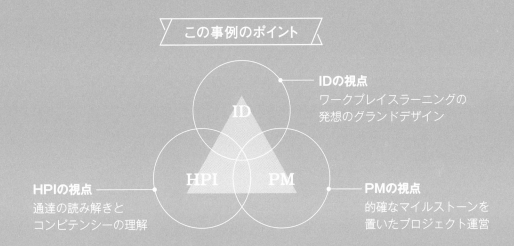

この事例のポイント

IDの視点
ワークプレイスラーニングの発想のグランドデザイン

HPIの視点
通達の読み解きとコンピテンシーの理解

PMの視点
的確なマイルストーンを置いたプロジェクト運営

── 会社概要 ──
- 会社名：株式会社スターフライヤー
- WEBサイト：https://www.starflyer.jp
- 創業：2002年
- 事業内容：福岡県の北九州空港に本拠を置く、日本の航空会社。東京/羽田―福岡、東京/羽田―北九州、東京/羽田―大阪/関西、東京/羽田―山口宇部、名古屋/中部―福岡、北九州―那覇（季節便）の国内線、台北/桃園―名古屋/中部、台北/桃園―北九州の国際線を有する。

第3部 Case study

BID TREE

テーマ パイロット シミュレーター訓練（LOFT）の見直し

理想

Goodパイロット

10コンピテンシーを運航時に発揮し、安全運航を行っている

現状

- 安全に航空機のマニュアル操作ができている
- エンジンの故障が発生しても安全に飛行ができている
- 自動操縦の多様化に伴い、状況に応じたシステムのマネジメントに関わるヒューマンエラーはゼロではない
- これまで、ノンテクニカルスキルにフォーカスした訓練もやってきたが、あまり重視されていなかった

Gap

①本人
- パイロット資格は保持しているため、一定の基準には達している
- ノンテクニカルスキルについては、向上させる必要性がある（レジリエンスの向上）
- コンピテンシーの考え方は知らない

②上司
- 訓練を担当する教官はコンピテンシーやIDの考え方については知らない
- コンピテンシーに基づく評価・指導は行っていない

③組織
- 航空局の通達で出た、新たな訓練・審査に対応する仕組みは整備されていない

④その他
- 航空テクノロジー
- これまでの訓練・審査は、過去の状況に対応した制度になっていた

解決策

①本人
- コンピテンシーに基づく訓練プログラムの提供（まずは、LOFTから開始）

②上司
- 教官/審査官向けの新たな訓練の考え方、評価方法を学ぶための場の提供

③組織
- 一連の訓練・審査体系を構築するためのプロジェクトチームの発足

④その他
- 2017年3月に航空局は新たな通達を提示した（CBTAプログラムの審査要領細則）

スケジュール

2017年 ──────────────── 2018年

- CBTA導入プロジェクト発足
- リサーチ下準備
- リサーチ分科会開催

108

コンピテンシーを基にしたプログラムの設計

ゴール

- ●ビジネスゴール
  ・安全運航
  ・ヒューマンエラーゼロ

- ●パフォーマンスゴール
  ・パイロットの10コンピテンシーを発揮し、安全運航のための行動ができている

- ●トレーニングゴール
  ・定期訓練において10コンピテンシーを発揮している

評価

- ●レベル4
  ・ヒヤリハット件数など

- ●レベル3
  ・路線訓練時のアセスメント
  ・日常運行時のアセスメント

- ●レベル2
  ・教官による行動指標に基づく評価・指導

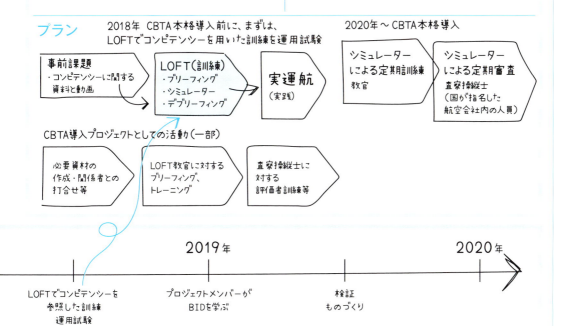

第3部 Case study

📝 背景①

大きな転換をむかえる日本のパイロット育成

　パイロットは、人命に関わる失敗の許されない仕事です。それゆえに、航空業界におけるパイロット訓練・審査は、厳しい法規制のもとで行われています。パイロットの資格は一度取得すれば永久ライセンスというものではなく、1年に3回の審査があり、そのための訓練が行われています。また機種ごとに資格が異なるため、パイロットになってからも数多くの訓練・審査が行われているのです。

訓練・審査例　・グランドスクール（知識を習得するための座学）
　　　　　　　・シミュレーターを用いた操縦訓練・路線訓練　など

　航空法では、「国土交通大臣は、機長の経験、知識及び能力を有するかどうかを定期に審査しなければならない」と定めています。つまり、養成訓練だけでなく、現場に出てからも定期審査が定められているのです（日本では年4回のシミュレーターと路線審査が設けられています）。

　この度、航空局から、「新しい訓練・審査」を促す通達が出されました（国空航第11576号　平成29年3月30日）。そこには、「コンピテンシー・ベースド・トレーニング＆アセスメントプログラム（CBTA）」での実施およびパイロット訓練にはインストラクショナルデザインの考え方がベースとして必要になることなどが明記されていました。

　この通達が出された背景には、科学技術の進歩により従来型の教育がミスマッチになってきたこと、そしてパイロット育成には国際水準をクリアする必要があることがあげられています。

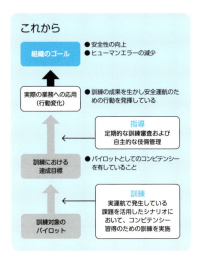

ビジネスゴール、パフォーマンスゴールに紐付くトレーニング（訓練）がこれまで以上に求められるようになったんですね。

110

パイロットのコンピテンシー

　前述したCBTAの審査要領細則において、パイロットのコンピテンシーは以下のように定義され、スキル（テクニカルスキルとノンテクニカルスキル）、知識、姿勢を合わせて10コンピテンシーとして定められています。
　コンピテンシーとは、業務において期待される成果を得るために求められる行動指標のことです。パイロットのコンピテンシーは、基本的には国際標準。各国共通の能力なのです。

航空機乗組員として求められるコンピテンシー

		コンピテンシー	定義
1	テクニカルスキル	Aircraft Flight Path Management Automation（自動操縦による飛行管理）	「自動操縦による飛行管理」は、飛行管理装置（FMS）及びガイダンスを適切に使用することを含め、自動操縦により航空機の飛行を適切に管理することを目的としている。
2		Aircraft Flight Path Management Manual Control（マニュアル操縦による飛行管理）	「マニュアル操縦による飛行管理」は、飛行管理装置(FMS)及びフライトガイダンスシステム（Flight Guidance System）を含め、マニュアル操縦により飛行を適切に管理することを目的としている。
3		Application of Procedures（手順の実施）	「手順の実施」は、適切な知識を活用し、運航手順書及び関連規則等に従って、適切に運航手順を確認し実施することを目的としている。
4	ノンテクニカルスキル	Situation Awareness（状況認識）	「状況認識」は、運航中に利用可能な関連情報を正しく把握・理解し、運航に影響を及ぼし得る事態（リスク）を予測することを目的としている。
5		Problem Solving and Decision Making（問題解決及び意思決定）	「問題解決及び意思決定」は、リスクを正しく認識し、適切なプロセスにより、問題の解決策を決定し、決定に基づく行動のレビューを行うことを目的としている。
6		Communication（コミュニケーション）	「コミュニケーション」は、通常運航及び異常運航下において、口頭伝達や非言語伝達等のあらゆる手段を通じて、必要な情報や考えを正しく伝えることにより、2人の航空機乗組員の状況認識を共有することを目的としている。
7		Leadership and Teamwork（リーダーシップ及びチームワーク）	「リーダーシップ及びチームワーク」は、指揮統率力を発揮し、効果的なチームワークを構築することにより、安全運航のための相乗効果を生むことを目的としている。
8		Workload Management（業務管理）	「業務管理」は、あらゆる状況下において各航空機乗組員のパフォーマンスが発揮されるよう、適時適切に優先順位をつけてタスクを行うため、全てのリソースを効率的に管理することにより、オーバーロードを防止することを目的としている。
9		Knowledge（知識）	
10		Attitude（姿勢）	

国空航第11576号から作成

第3部 Case study

📝 背景②

　航空局からの通達を受けて、スターフライヤーにおいてもパイロットの定期訓練・審査を見直す方針が示されました。
　既存の育成内容をIDの観点から見直した結果、訓練内容で時間をかけている部分と現場で求められることに、ややズレが生じていることが明らかになりました。もちろん、そのズレは事故につながるほど大きいものではありませんが、IDを使って現場に求められる力を養うことが重要だと考えられるようになったのです。
　これまでの審査で重点が置かれてきたのは、個人の操縦操作スキルである「テクニカルスキル」の維持・向上でした。しかし、現在は自動操縦化が進み、チームワークやコミュニケーションなどの「ノンテクニカルスキル」のほうが重要になってきています。そこで、IDにより、現場に求められる訓練・審査にCBTA Programを導入し、再構築することとなったのです。

〈CBTA Program〉

実運航に即した実践的な訓練・審査を行うことにより、Threat and Error Management (TEM) に必要な運航乗務員のコンピテンシーの付与・維持・向上を図り、変化する運航環境の中で発生するさまざまな事態に対して臨機応変に対応する能力（レジリエンス）を醸成し、運航の安全性を高めることを目的とした訓練・審査のプログラム。

写真：株式会社スターフライヤーホームページより

Case2

📝 取り組み内容①

BIDを学ぶ

　CBTAを導入するためのプロジェクトに関与するメインスタッフは、まずIDやコンピテンシーといった考え方を学びました。

BIDを学んだスタッフの声

Aさん	Bさん	Cさん	Dさん
これまで、いかに経験と勘と度胸（KKD）に頼っていたかということに気づきました。	実は、長年KKD的に実施されていた訓練手法が意外とID理論に則っていたこともわかり、安心しました。	なぜ、航空局の通達の中に、パイロットの訓練・審査にIDの考え方を取り入れると書かれていたかの意味がわかりました。	パイロットのコンピテンシーがパフォーマンスゴールとトレーニングゴールの両方の指標に使えるということがわかりました。

CBTA導入のマイルストーン　～コンピテンシーを訓練・審査に活用する～

　これまで実施してきた訓練・審査体系を変えるということは簡単なことではありません。
　社内の関係者でプロジェクトを組み、順序立てて、効果的に効率的に、かつ通常運航にも支障を来さず実行できるように、マイルストーンを設定していきました。

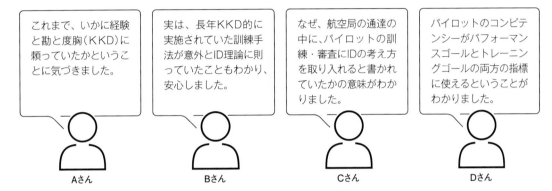

※LOFTとは、Line Oriented Flight Trainingの略。シミュレータを用いて実際の路線運航状況を模擬した訓練のことである。実運航時と同様に、機長、副操縦士で行われ、天候の悪化、機材の故障、急病人への対応など、パイロットが持っている全能力の発揮が求められるシナリオとなっている。

第3部 Case study

取り組み内容②

LOFTでのデブリーフィング時には、「経験学習モデル」を意識する

　新たなLOFTは、「経験学習モデル」を意識して研修計画書を作成しました。シミュレーターで経験をして、デブリーフィングで振り返りをします。シミュレーターは実践の場に限りなく近い、経験の場（成功と失敗）なのです。デブリーフィングは、振り返りシートを使って行います。普段、現場では、振り返りを後回しにしがちですが、この訓練では最重要セッションとして組み込み、じっくり実施します。そして、行動指標一覧表の中から、自分たちのやったこと、やったほうがよかったことを洗い出します。

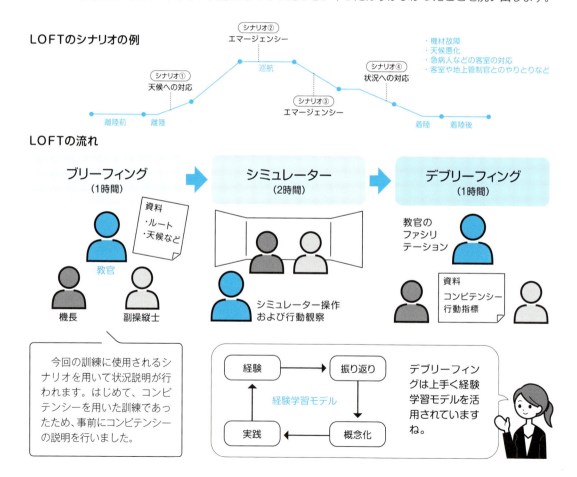

Case2

行動指標一覧表を用いた振り返り

教官は、デブリーフィング時にLearning from positiveの考えを意識します。

教官ははじめから口を出さずに、パイロットが自身で振り返り、考えるということを大切にします。人から言われると「他人ごと」としてとらえがちですが、自分から発言すると「自分ごと」となり、より責任を持つようになります。

かつては、教官側から"ダメだし"をするところからはじまることが多かったのですが、今は、機長と副操縦士がお互いのよいところを、行動指標の中から伝え合ってもらうところからスタートします。

この行動指標の存在が、教官、機長、副操縦士の目線合わせに効果的に機能しているのを感じます。

「行動指標」（一部抜粋）

	コンピテンシー	定義	行動指標
ノンテクニカルスキル	Situation Awareness（状況認識）	「状況認識」は、運航中に利用可能な関連情報を正しく把握・理解し、運航に影響を及ぼし得る事態（リスク）を予測することを目的としている。	☐ 航空機及びそのシステムの状況を正確に認識している。 ☐ 航空機の位置（垂直・水平方向）及び予測される飛行経路を正確に認識している。 ☐ 運航に影響を及ぼし得る外部環境を正確に認識している。 ☐ 残燃料と飛行時間の関係を把握している。 ☐ 運航関係者の状況を配慮し、必要な対応ができるよう彼らのキャパシティを考慮している。 ☐ 何が発生するかを正確に予測し計画を立てている。 ☐ 手がかりとなる脅威（Threats）に基づき、緊急時の効果的な対応策を準備している。 ☐ 航空機及び乗員・乗客の安全のため、脅威を認識し、柔軟に対応している。 ☐ 状況認識の喪失を示す兆候を認識し、適切に対応している。

教官／評価者のトレーニングが重要

新しい訓練方法、新しい評価手法を実行するためには、もちろん、教育者側（教官や審査官）の理解とスキル向上が先行して行われる必要がありました。特にコンピテンシーを用いた評価を行っていくことにしたため、評価者の平準化は重要です。

この教官と評価者側のトレーニングにも、IDの考えを取り入れ、反転学習、ガニェの9Events（p.70）、メリルのPlinciples（p.72）、経験学習モデル（p.77）の理論を参考に、レッスンプランを作成し、順次トレーニングを行っています。

📝 成果

戦略的な教育訓練体系

　現在もプロジェクト進行中の事例であるため、最終的な教育効果測定の結果は出ていません。現段階では、コンピテンシーやIDの考えなどがパイロットの訓練・審査に関わる全スタッフで、共通言語化されたことで、育成や評価に関するベクトルが合ってきたことが、一番の収穫だといえるでしょう。
　また、新たなLOFTを受講した者からは、ポジティブな反応が得られ、自分事として訓練に臨めるパイロットが増えたという手応えを得られました。

運航訓練審査部と運航乗員部のつながり

　現シミュレーター訓練・審査を担っているのは、「運航訓練審査部」。今回、CBTAを導入するのは、運航訓練審査部が担う定期訓練と定期審査、LOFT部分です。真に「経験学習モデル」を回し、実践に活かし、パフォーマンスゴール、ビジネスゴールに紐付けていくには、「運航乗員部」が担っている路線訓練時の指導や、日常の運航時になにげなく行われている機長から副操縦士へのアドバイスも、コンピテンシーに基づくものであると、より効果的になっていきます。
　これまで以上に連携した取り組みを続けていく必要があるといえるでしょう。

📝 教育担当者の声

運航訓練審査部の内川さんの声

　出口・入口を考えること、研修の必要性を考えること、研修は設計（デザイン）してから実行するということを心がけるようになりました。コンピテンシーと行動指標のおかげで、指導のブレがなくなってきました。パイロットのレジリエンスを高めていくためにも、訓練の対象者の「行動変容」を意識しながら、より効果的な訓練を実行していきます。
　今回の新たな取り組みをとおして、一層私たちの企業理念である『私たちは、安全運航のもと、人とその心を大切に、個性、創造性、ホスピタリティをもって、"感動のあるエアライン"であり続けます』を追求していこうと思っています。

Case2

Good Point!

① HPIの視点

　航空業界全体を通じて、よりノンテクニカルスキルが求められるようになるという環境変化から、パイロットに求められるパフォーマンスも変わりました。その通達を受けて、航空会社各社の訓練・審査体系の見直しが行われている点で、そもそもHPIの視点が組み込まれている事例といえるでしょう。

② IDの視点

　通達の中に、「CBTAプログラムの運用にはIDを活用する」と記載されているため、訓練・審査に関わるスタッフが、IDを学ぶというアクションにつながりました。体系作りにIDがインストールされたため、効果をあげることができました。また、ノンテクニカルスキルの向上には、デブリーフィング時の「経験学習モデル」の振り返りと概念化を意識することが重要であることが教官指導に用いられているところもよいですね。

③ PMの視点

　これだけ大きな改革を実行している内川さんたちのご苦労は並々ならぬものだと思います。社内のステークホルダーを巻き込むだけでなく、航空局とのやりとりもあるため、プロジェクトを"やりきる力""情熱"は本当に素晴らしいですね。

IDとパイロットの訓練・審査

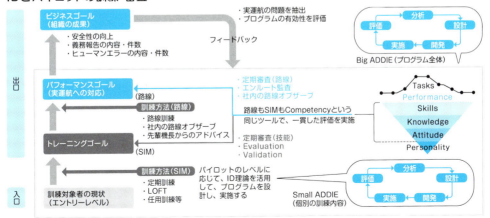

Case3

飲食 × BID

店長候補者としての新人教育をどうデザインするのか？ 株式会社物語コーポレーションの伊藤康裕さんと堤良輔さんに、自社が重視する人財育成の「物語」を聞きました。

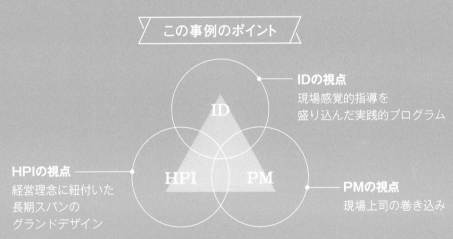

この事例のポイント

IDの視点
現場感覚的指導を
盛り込んだ実践的プログラム

HPIの視点
経営理念に紐付いた
長期スパンの
グランドデザイン

PMの視点
現場上司の巻き込み

── 会社概要 ──

- 会社名：株式会社物語コーポレーション
- 創業：1949年
- WEBサイト：https://www.monogatari.co.jp
- 事業内容：焼肉、ラーメン、お好み焼、和食などの外食事業の直営による経営と、フランチャイズチェーンを展開。「日本一長い入社式」で有名。焼肉きんぐ、熟成焼肉 肉源、焼肉一番かるび、焼肉一番カルビ、丸源ラーメン、二代目丸源、きゃべとんラーメン、お好み焼本舗、魚貝三昧げん屋、ゆず庵、源氏総本店、源の屋、北海道蟹の岡田屋総本店、薪火焼肉 源の屋総本店の事業を展開。

第3部 Case study

BID TREE

テーマ 新入社員導入研修（店長候補者としての第一歩）

理想

3年間で、物語人のプロである店長として現場で活躍する

物語人のプロ
① 店長のプロ
② 飲食人のプロ
③ ビジネスパーソンのプロ

現状

- 入社したての新人
- 意識は前向きだが、まだまだ学生気分が抜けきらない
- 会社のことも、飲食業界のことも、ビジネスの世界のことも何も知らない（「無」の状態である）
- 若くして、店長候補として、現場ではアルバイト・パートの方を束ねるマネジメント力がすぐに求められる

Gap

① 本人
社会人・飲食業界・マネジメントとしての知識、スキルは不足している
（新人なのでまだ配属前だが、上手くOJTをつなげていけば、Gapは埋まっていくものと思われる）

② 上司
- 現場OJTや個別1on1を踏み込んでできないエリアマネジャーはまだいそう

③ 組織
- 新人～店長まで、エリアマネジャーの長期的なスキル向上プログラムは整備途中

④ その他
- 飲食業界は離職率が高く、店長になるまでに退職してしまうリスクが潜んでいる

解決策

① 本人
- 学生からギアチェンジできる実践的な導入研修
- 導入研修終了後も継続的に行われるフォローアッププログラム

② 上司
- 導入研修でのトレーナー経験（人財育成観点の強化）
- エリアマネジャー向けの継続的なスキル向上プログラム

③ 組織
- 上述した研修の提供および継続的なフォローアップ体制の構築
- タレントマネジメントシステムの構築
- eラーニングプログラムの充実

④ その他
- 上述した施策の徹底

スケジュール

前年4月	10月	11月	12月
導入研修に参加したトレーナー（エリアマネジャー）との振り返りミーティング	内定式、内定者研修担当者とのすりあわせ	プログラム確定資材づくり	トレーナー選定キックオフ

導入研修プログラム改善ポイントの洗い出し会場手配など

120

Case 3

ゴール

- ●ビジネスゴール
  ・3年後に物語人のプロ店長になっている

- ●パフォーマンスゴール
  ・1年後には、先輩社員としての心構えができ、
  　社員としての仕事ができるようになっている

- ●トレーニングゴール
  7日間の導入研修
  ・知識＆スキル　仕事の「構え」を修得する（ビジネスマナー、
  　　　　　　　　仕事の進め方、店舗の仕事など）
  ・態度　　　　　ギアチェンジ（社会人、物語人）できている

評価

- ●レベル4
  ・実績と上長評価

- ●レベル3
  ・上長評価

- ●レベル2
  ・ロールプレイ時のチェックリストによる評価
  ・レポートおよび個人面談（トレーナーによる評価）

プラン　教育の全体像：約1年

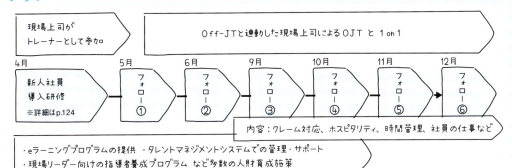

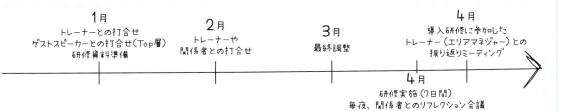

第3部 Case study

背景

　物語コーポレーションでは、企業を伸ばすのは「人財力」だと考えています。日本の飲食業界は、離職率が28.6％と非常に高い状況です。その中にあって、定着率を高めていくことは成長の必須要件でした。
　さらに、入社した人財を3年間で現場の店長まで成長させることが求められます。物語コーポレーションには「人財力」を培う3つの取り組みがありますが、店長を目指す第一歩となる新入社員導入研修も、この考え方に沿って実施しています。

① すべての教育の根底に流れる経営理念
　経営理念は「Smile ＆ Sexy」。Smileは、素直・正直・元気・明るいなど人間性の豊かさを指します。Sexyは、自分らしさを意味しています。「自立した個として存在し、素敵に格好良く生きる」ように教育をしているのです。

② 「個」にこだわる取り組み
　社員を素敵な個性を持っている「個」と認め、さらに潜在能力を開花させ、その「個」を活かして経営を行っています。

③ 物語アカデミー
　物語アカデミー（人財育成とOff-JTを担当する部門）がグランドデザインをする研修プログラムを作成。社員の成長に合わせて9クラスに分け、それぞれのレベルに合ったプログラムを用意しています。営業部・人財開発部（採用部）・人財応援部（総務の労務管理）などの他部署を巻き込むことも人財育成部門の特徴です。研修をデザインするスタッフは、BIDの考え方を学んでいます。

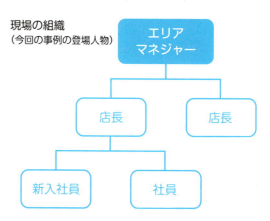

Case 3

取り組み内容①

店長育成のグランドデザインから新入社員導入研修へ

スタートは出口とロードマップの明確化

最初に「店長としてどのような人財を育成するか」というゴールを決めました。
物語アカデミーでは、ゴールを3段階で設定しています。
〈店長育成の3つのゴール〉
① 店長を楽しめる人財になること
② 他社の外食事業でも通用する人になること
③ どの業界でも活躍するビジネスパーソンになること

「出口」である目指すべき姿を右上に置き、「入口」である現状を左下に配置。そのギャップを埋めるための方略（How）は、物語アカデミーが行う「Off-JT」（研修）と営業部が行うOJTを連動させました。その上で、3年間かけて出口（店長）まで育成していく全体プログラムの1stステップである「7日間の新入社員導入研修」の詳細をデザインしていきました。

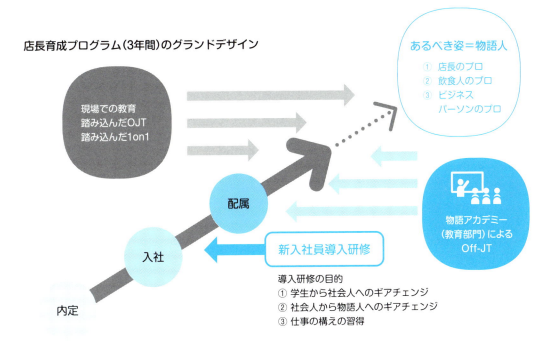

店長育成プログラム（3年間）のグランドデザイン

あるべき姿＝物語人
① 店長のプロ
② 飲食人のプロ
③ ビジネスパーソンのプロ

現場での教育
踏み込んだOJT
踏み込んだ1on1

配属

物語アカデミー
（教育部門）による
Off-JT

入社

新入社員導入研修

導入研修の目的
① 学生から社会人へのギアチェンジ
② 社会人から物語人へのギアチェンジ
③ 仕事の構えの習得

内定

✎ 取り組み内容②

新入社員導入研修のデザイン

新入社員導入研修の目的は、3つ設定しました。
① 学生から社会人へギアチェンジをすること
② 社会人から物語人へギアジェンジをすること
③ 仕事の構えを習得すること
そして、研修のポイントも3つ設定しています。
① **行動変容**：得た知識を繰り返し実践することによってスキル化すること。「聞く講義」から「アクティブ・ラーニング」へ
② **経営理念との連動**：『Smile＆Sexy』を醸成するカリキュラムであること
③ **直属上司の巻き込み**：上長が全員参加すること

新入社員導入研修7日間スケジュール

日付	内容	評価
1日	『個』に焦点をあてた入社式	① 親御さんからの肉声メッセージを流す ② 1人ひとりへ内容の異なる入社激励書を渡す 　※インターナショナル社員は、自国の正装で参加する
2日	理念理解 学生から社会人へのギアチェンジ	① 会長・社長が登壇して会社の理念への理解を深める ② ビジネスマナー講座 ③ 社会人の心得（どういう社会人になりたいのかを描く） ④ 分科会（7日間のチームルールを決定する） 　※分科会は、7日間で3回開催。理念にある「自己開示・意思決定」を実践させる意図で行われる。自身の考えを整理し、ディスカッションして、最後は発表させる。
3日	コミュニケーション力の向上	① 専務の講話（多様性、ダイバーシティに対する考え方） ② 感じの良いコミュニケーションのとり方講座・実践 ③ 相手に伝わるコミュニケーションのとり方講座・実践 ④ 分科会
4日	3日間の総括・応用研修（仕事の構え）	① 仕事の進め方のロールプレイング 　（研修で得た知識・技術によってチームごとのミッションを解決に導く） 　※エリアマネジャー15名はトレーナー役として参加 ② 個人面談
5日	営業をイメージさせる実践研修	① フードサービスの基本知識を学ぶ　② ユニフォームを着て研修　③ 分科会
6日	目標設定	① 終日個人ワーク 　（なりたい自分の姿・美学を描いてから、お店でどうなりたいのかをイメージして目標設定）
7日	事業部別研修決意表明	① 事業部別の研修　② 決意表明

Case 3

📝 成果

成果（業績）につながる人財育成（レベル4の達成）

こうした熱意ある、経営戦略に基づく人財育成が功を奏し、組織としての成果につながっています。
① 13期連続増収増益をしている
② 離職率が業界平均（28.6％）の半分以下（12.96％）である
③ 従業員が活き活きしている（ES調査）

目標とする経営指標
① 売上高、営業利益、経常利益の年間平均10％の成長
② 既存店売上高のプラス成長
③ 既存店経常利益率のプラス成長
④ 従業員1人当たり経常利益額のプラス成長
⑤ ROA（総資産経常利益率）15％以上
⑥ ROE（自己資本利益率）10％以上の維持
⑦ 自己資本利益率50％以上の維持

売上高と経常利益計画

エリアマネジャーの育成

7日間の導入研修の全体のファシリテーションは、物語アカデミーのスタッフが担いますが、小グループで実践的な指導を行うトレーナーは、全員が現場の現役のエリアマネジャーです（トレーナーとは、研修前に時間をかけて共通認識を持つための場を用意）。エリアマネジャーが研修にトレーナーとして参加することで、マネジャー自身の人財育成に関する知識・スキルの向上、マインドの醸成ができました。導入研修終了後の現場OJTとも紐付けやすく、連携がとれています。
○常駐トレーナー（7日間フル参加）
○前半後半トレーナー（カリキュラムの前半か後半どちらかに参加）
○単元トレーナー（カリキュラム毎に参加）

新入社員の成果

本研修のゴールとして掲げている3つのゴールについて、テスト、実践演習、個人面談を通して、合格レベルに達していることを確認しました。
なお、評価者は、トレーナー（現場上長）が担いました。

教育担当者の声

導入研修を設計・実施した堤さんの声

　物語アカデミーでは、年間123日は何らかの研修を実施しています。中でも新入社員導入研修は最も重要な研修と位置づけています。学生から社会人になることは、人生においてとても大きな変化。この研修で何をするか、誰とやるか、心に何が残るかは、今後の社会人人生に大きな影響を与えると考えています。

　研修にBIDの考えを入れたことによる効果は3点あります。
① 研修の目的・ゴール・手段が明確になることで、研修効果が向上した
②「聞く講義」から「アクティブ・ラーニング」の導入により実践で活きる研修になった
③ 目的と手段で考える習慣ができることにより、物語アカデミー部員の視野が広がり、目的志向の思考癖がついた

　また、トレーナーとして参加してもらった現場の上長の意見を反映して、来期の研修プログラムの改善を行います。全トレーナーから改善点・継続したい点のアンケートをとり、常駐トレーナーには振り返りミーティングにも参加してもらっています。研修終了後1週間で開催するので、4月中には、来期の研修の大枠が決まっています。

　こうして、しっかりとPDCAを回すことで、効果的で良質なプログラムを効率よく実施しています。

グランドデザインを描いた伊藤さんの声

　まずは、自分自身でどんな人財を育成していきたいのか？　という本質的な点と向き合い、考え抜いて、手書きでA3用紙に店長育成プログラムのグランドデザインを描きました。この大きな絵をもとに、1つひとつの研修プログラムのデザインを練っていきました。営業の上長たちとは「こういう人財について作りたいよね」と、とにかくコミュニケーションを密に取りました。その後で、細やかなHowの話について、「物語アカデミー（教育部門）としての作戦はこうなんだけれども、一緒に頑張ってくれませんか」と対話をしました。

　新しいことをはじめると、最初はどうしても反発があります。この導入研修への現場の巻き込みを提案し、現場マネジャーに協力依頼をしたときもそうでした。研修の場合、マネジャーの業務が滞ってしまうので当然です。しかし、直属上司から本人に研修に出向くことの意味を伝え続けていったことで、最近では自分から「行かせてほしい」という志を持ってくれるようになりました。

① HPIの視点

長期的なスパンで人財育成のゴールを考え、そこから、Off-JTとOJTを連携させ、新人研修のときから現場上長を巻き込んだグランドデザインを作ったということが、成功要因ですね。「Smile&Sexy」という経営理念が研修に上手く練り込まれ、経営的なゴールとも紐付けて全体設計されているからこそ、業績も向上しているのですね。

② IDの視点

効果：相手が新人とはいえ、社会人としてのプロ、将来の店長候補として"大人"として扱う、アダルトラーニングの発想で組み立てられています。インプットとアウトプットのバランスもよいですね。大人数の新人を相手に、1〜2人の講師が一方的な講義を展開していたら効果的な研修にはなりませんが、少人数のチームごとに1人のトレーナー（現場上長）を指導役として任命し、ワークやロールプレイ時に細やかな指導を行えていたことで、成果につながる研修になっていました。

効率：現場上司がトレーナーを兼ねているところが、研修終了後の現場指導とも紐付けやすく、効率的な建てつけになっています。

魅力：以前は「聞く講義」だった研修を、アクティブ・ラーニングの発想で、より実践的なワークを盛り込んだ研修にしました。これにより、新人の取り組む姿勢は向上しています。"わかる"ではなく、"できる"という感覚を持たせていることが、やりがいにつながっているのでしょう。現場マネジャーがテーブルごとにつき、新人の成長度合いを間近に見ているため、研修期間中の個人面談による指導とも上手くつながり、モチベーションアップにも寄与しています。

③ PMの視点

現場のマネジメント層をしっかりと巻き込みながら、ヒト・モノ・カネの管理をして、会社全体の店舗スタッフ教育を運営しています。一方で、研修担当者の堤さんは、現場上長を巻き込むため、事前準備に相当の工数をかけています。その部分だけを見ると効率的とはいえないのでしょうが、全体像としてとらえると、人財育成には欠かせない部分であり、労力を惜しまず工数をかける必要があるのでしょうね。

Case4
ライター×BID

BIDの考えを導入し、新たな「ライター養成講座」を設計・開発・実施したレゾンクリエイト代表取締役社長・安澤真央さんとライティングコンサルタントの佐藤智さんに話を聞きました。

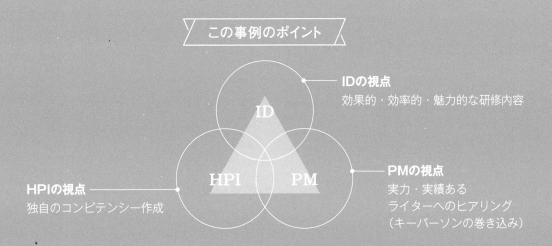

この事例のポイント

IDの視点
効果的・効率的・魅力的な研修内容

PMの視点
実力・実績ある
ライターへのヒアリング
（キーパーソンの巻き込み）

HPIの視点
独自のコンピテンシー作成

会社概要
- 会社名：株式会社レゾンクリエイト
- WEBサイト：https://raisoncreate.co.jp
- 創業：2015年
- 事業内容：雑誌や書籍の編集・ライティング事業、企業のホームページや社史、社内報などの制作を行う。他に、ライター講座や学校教育に関するセミナーを実施。

第3部 Case study

BID TREE

テーマ ライター養成講座

理想

ライターとして
一人前になること

- スキル・知識・態度の習得
- クオリティ高い
- 依頼が増える
- 単価が上がる

現状

経験1年未満

- スキル・知識・態度の不足
- クオリティ低い
- 依頼が少ない
- 単価が安い

Gap

①本人
- スキル・知識・態度の不足

②上司
- 上司がいない
- 先輩も少ない
- 孤独

③組織
- 組織がない
- 組織に属していない

④その他
- クライアントの低コスト思考
- 社会的価値の低さ
- 単価の上げにくさ
- 仕事が取りにくい

解決策

①本人
- ライターコンピテンシーの提示
- OJTを含むライター養成講座

②上司
- OJTを含むライター養成講座
- ライターコミュニティの構築

③組織
- ライターコンピテンシーの開発
- ライターコミュニティの構築
- ライターオウンドメディアの運営

④その他
- レゾンクリエイトが仕事を創出して、卒業生を指導しながら協働

スケジュール

7月	11月	12月	1月
BIDを学ぶ	コンピテンシーの開発（ライターヒアリング）	テキスト等開発	募集開始

Case 4

ゴール

- **ビジネスゴール**
  ・コンスタントに依頼される自立したライター

- **パフォーマンスゴール**
  ・依頼のテーマでインタビュー、記事の執筆。
  複数の企画を同時並行。

- **トレーニングゴール**
  ・スキル　取材対象者から必要な情報を引き出す方法を習得する。
  ・知識　取材対象者が気持ちよく話せる場作りや引き出す質問の仕方を知る。さらに、質問項目の作り方を習得する。
  ・態度　取材対象者への関心を持ち、わからない・判然としない部分があればきちんと聞き切ることができる。

評価

- **レベル4**
  ・WEB記事1本5万円と考え、月5本以上の依頼があること。

- **レベル3**
  ・コンピテンシーの8割達成。
  ・クライアントから依頼されたテーマで作成した原稿を講師が採点し、80点以上を得る。

- **レベル2**
  ・コンピテンシーの7割達成。
  ・「構成案作成」「インタビュー」「原稿作成」のそれぞれ70点以上を達成

解決策のプラン

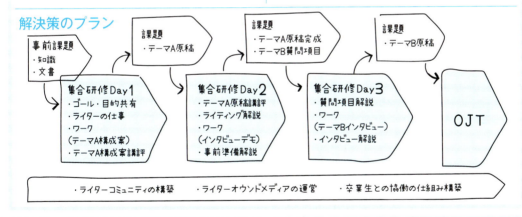

背景

既存のライター養成講座における課題

　レゾンクリエイトは、BIDを取り入れる前に開催していた「ライター養成講座」について、2つの問題意識を持っていました。

①経験と勘に基づく講座内容
属人化した講座内容に陥っているのではないかと、不安を抱いていた

②一方的なレクチャー
正しい文章の書き方といった「お勉強」内容のレクチャーとなっていないかという懸念があった

BIDを導入したライター養成講座実施の必要性

　「BID」の考えを知ったことで、より効果的・効率的・魅力的な講座にしていきたいと考えるようになりました。

ライターの
スキル不足

「名乗ったその日から、ライターになれる」という状態のため、インタビューやライティングに関するスキル・マインドが不足しているライター志望者が少なくない。

クライアントの
低コスト思考

企業からの発信が増え、ライターは社会的に求められている。しかし、クライアントには、「よいコンテンツとは何か」の定義がなく、適正な依頼価格もわかっていないケースが多い。そのため、低コスト大量発信となっている。

ライターの
社会的価値の低さ

ライターは増加しているが、一定のクオリティに達している者は不足している。「低価格の発注」→「量でカバー」→「低品質の記事を納品」→「単価が上がらない」という悪循環。結果的に、ライターの社会的な価値は低いままとなっている。

Case 4

取り組み内容

レゾンクリエイトが最初に取り組んだのは、どういう人に受講してほしいかという「入口」と、どんな人になってほしいかという「出口」を決めたことです。

① 入口（現状）の設定

ライターとしての活動は1年ほど or まだ活動はしていないがライターになりたい人と設定。

アセスメント方法
- アンケート（マインド）
- ライティング事前課題（スキル）

② 出口（理想）の設定

ライターとして一人前になること。原稿料が十分に支払われるスキル・知識・態度を得ること。

評価に使用するコンピテンシーを作成

ライター業界には、コンピテンシーという概念自体がなかったので、実力・実績のある多くのライターにヒアリングし、自作しました。

WEBライターコンピテンシー

	カテゴリー	内容
1	態度	クライアントに貢献しようとしているか。
2	態度	責任感をもって最後まで執筆しているか。
3	態度	納期を守っているか。
4	態度	取材対象者に興味を持ち、よい記事になるように創意工夫しているか。
5	態度	クライアントに不安を感じさせないコミュニケーションが取れているか。
6	知識	ライティングに必要な知識を日々向上させているか。（広い領域のカバーと専門領域の深掘り）
7	知識	正しい文章、読みやすい文章のルールを理解しているか。
8	スキル	編集的な視点で企画や提案をできているか。
9	スキル	各案件について、意図や概要を理解しているか。
10	スキル	インタビューについて、事前準備ができているか。（インタビュー対象者への理解や、質問項目の準備）
11	スキル	各案件について、十分な情報を引き出せるインタビューができているか。
12	スキル	各案件について、媒体・ターゲットのテイストに合わせて執筆しているか。
13	スキル	各案件について、自分の書いた文章を最低三度は推敲しているか。
14	スキル	インタビューのポイントがどこかを理解し、記事に落とし込んでいるか。
15	スキル	修正依頼に適切に対応しているか。
16	スキル	自分のキャパシティを理解して、スケジュールを組み立てているか。

第3部 Case study

段階別にゴールと評価をデザインする

BID導入前には漠然としていたゴールを、トレーニングゴール、パフォーマンスゴール、ビジネスゴールに分けて設計しました。

3つのゴールと評価

ゴール		内容	評価	
ビジネス ゴール		コンスタントに依頼される自立したWEBライターになる。	WEB記事1本5万円と考え、月5本以上の依頼があること。	
パフォーマンス ゴール		クライアントから依頼されたテーマでインタビューをして、記事を書ける。加えて、複数の企画を同時並行で対応できる。	コンピテンシーの8割達成。	クライアントから依頼されたテーマで作成した原稿を講師が採点し、80点以上を得る。
トレーニング ゴール	スキル	取材対象者から必要な情報を引き出す方法を習得する。	コンピテンシーの7割達成。	「構成案作成」「インタビュー」「原稿作成」のそれぞれ70点以上を達成。
	知識	取材対象者が気持ちよく話せる場作りや引き出す質問の仕方を知る。さらに、質問項目の作り方を習得する。		
	マインド	取材対象者への関心を持ち、わからない・判然としない部分があればきちんと聞き切ることができる。		

Case 4

ロードマップ・レッスンプランの設計のポイント

① しっかりインプット・アウトプット（全3回）

BID導入前には、単発の1回で終了していたライター養成講座を全3回の構成とし、十分に時間をかけられるように設計しました。

② ライターの能力を3つに要素分解

ライターの仕事を「構成案作成」「インタビュー」「ライティング」の3つに分解し、それぞれの到達度と達成のための施策を具体化しました。

③ 豊富なアクティビティ

デモンストレーション、クイズ（質問）、質疑応答、個人ワーク、ペアワーク、グループディスカッション、ケーススタディ、ロールプレイなど豊富なアクティビティを盛り込みました。

参考:1日目のタイムテーブル

時間	内容
13:00～13:15	講師紹介、ワーク①
13:15～13:30	講座の流れを説明
13:30～14:00	ライターの仕事解説
14:00～14:15	ライターの仕事について質問タイム
14:15～14:30	休憩
14:30～15:30	構成案について
15:30～16:10	ワーク②、課題原稿講評
16:10～16:40	構成案作成のワーク③
16:40～16:50	構成の気づきシェア
16:50～17:00	質疑応答、課題発表

メリルのPrinciplesを参考に、現実的な課題を取り上げて、ワークを進められていますね。

④ 講座間で受講者アセスメント

講座内だけでなく、3回の講座間で課題を出すことで、現在の能力をアセスメント。受講者にはレベルアップにつながるようにフィードバックをしました。

⑤ WPL（ワークプレイスラーニング）を導入

卒業生にOJT（有償インターン）を実施して、講座終了後も継続的にライターとしての力を養いました。

成果

『月刊 ライター道』という架空の雑誌を制作し、そこに受講者の成果物を掲載することでモチベーションを持続させることができ、その結果、課題の提出率100%で終えることができました。

なお、講座の成果は、コンピテンシーの達成度で測定。受講者全員が、目標に据えていた7割以上の達成度となりました。

その後の成果

卒業生にOJT（有償インターン）として、原稿制作に参画してもらいました。
記事が雑誌に掲載された際には、クレジットを明記し、ライターとしての実績を作るとともに、モチベーションも高めることができました。

受講者の声

他の受講者とアクティブ・ラーニングをする機会が多く、刺激になりました。自分の文章の癖を見直すことにつながったと感じています。
将来的には、レベル別の講座もぜひ設けてほしいと感じました。

Aさん

受講者からたくさん質問が飛ぶインタラクティブな講座で、主体的に学ぶことができました。これから回を重ねることで、受講者からの質問が重複することもあるかと思います。そうしたときに、受講者が自ら調べられるようなQ&A集を用意しておくと、よりスムーズに講座が進むかもしれません。

Bさん

実際にライターの仕事に活かすことのできる講座内容でした。これから、仕事をしていく中で折に触れて講座に立ち戻っていきたいと思います。
活用度の高いテキストに加えて、専用のワークシートなどもあると、自分の成果を振り返ったり成長を感じたりすることができて、さらにありがたいと感じました。

Cさん

Case 4

① HPIの視点

ハイパフォーマーインタビューで、独自のコンピテンシーを作成して、真の出口を明確にしたことはすばらしいですね。

② IDの視点

効果：受講者は、講座内の課題でライターとしての確実な力を身につけ、その後の実案件をとおしても活躍しています。今後、さらに有償インターンをとおしてワークプレイスラーニングを実施し、力を高めていくそうです。

効率：「講義→ワーク形式」により効率的な講座に。受講者からも「ワークがあり、あっという間に時間が過ぎた。対話によって新しい発見、考えの再整理ができた」といった声があがりました。

魅力：「もっと文章を書きたい」という声が多く、興味を持って自ら学ぶ姿勢を育むことができたそうです。

③ PMの視点

オープン講座なので、企業内研修より利害関係者が少ないものの、実力・実績のあるライターへのヒアリングをするなど、他者を巻き込みながら講座を運営していました。また、新講座実施予定日から逆算して、アクティビティを洗い出し、しっかりとスケジュールどおりに実行していました。

📝 教育担当者の声

安澤さんの声

「出口」と「入口」、「Gap」を明確にするため、盛り込むべきコンテンツの必然性をとらえながら、自信を持って講座設計することができるようになりました。BIDを知ることで、受講者の力を着実に高めていくことができました。

佐藤さんの声

BID TREEに落とし込むことで、今まで自身が経験と勘で行ってきた業務を棚卸することができました。講座だけでなく、今後の自分の仕事の発展にもつながると感じています。

第3部のまとめ

☑ 4つの事例から実践のヒントを得よう

　第3部では、BIDを取り入れた4つの事例をご覧いただきました。それぞれ、HPI、ID、PMの観点で一覧にまとめました。どの事例も3つの観点で工夫が見られましたね。

4事例のまとめ

	Case1 ノバルティスファーマ 株式会社	Case2 株式会社 スターフライヤー	Case3 株式会社 物語コーポレーション	Case4 株式会社 レゾンクリエイト
概要	トレーニング部門全体にBIDが導入され、過去に実施された研修を再構築した事例	国土交通省からの通達を受けて、BIDの考えを導入し、現場に合った訓練の実現に向け、パイロットの訓練を変更した事例	店長候補者としての新人教育のデザインへBIDを取り入れた事例	BIDの考えを導入し、新たな「ライター養成講座」を設計・開発・実施した事例
HPI	研修以外の施策の併用	通達の読み解きとコンピテンシーの理解	経営理念に紐付いた長期スパンのグランドデザイン	独自のコンピテンシーを作成
ID	ワークプレイスラーニングの発想のグランドデザイン	行動指標を用いた効果的な振り返り（経験学習モデル）	現場感覚的指導を盛り込んだ実践的プログラム	効果的・効率的・魅力的な研修内容
PM	ステークホルダーの巻き込み	的確なマイルストーンを置いたプロジェクト運営	現場上司の巻き込み	実力・実績あるライターへのヒアリング（キーパーソンの巻き込み）

　すべての事例で共通していることは、当然のことではありますが、担当者が熱意を持って取り組んでいたことです。加えて、関係者がBIDの視点を持ち、担当者と共通言語でトレーニングを推進することができたことも、成功の要因であったといえるでしょう。

おわりに

　最後まで、本書におつきあいいただきましてありがとうございました。
　この本を最後まで読み、BID TREEにすべて記入することができたあなたには、これまでと違った世界が見えてきたのではないでしょうか。
　前年踏襲の教育に対して疑問が芽生え、本質的な教育の実現に向けて歩み出しているかもしれません。そして、ご自身の目指す教育の方向性に自信を持ち、人材育成の立場から自社のゴールに誇りを持ってコミットできるようになっていることでしょう。

　この『ビジネス インストラクショナルデザイン　企業内教育設計ワークショップ』の執筆を後押ししてくれたのは、他でもない現場で奮闘している多くの企業の教育担当者の方でした。悩みにお答えし、ともに教育を再考していく中で、フレームができていきました。
　何を隠そう、私自身がもともとは企業の中でKKD（経験・勘・度胸）により研修を進めていました。しかし、それではビジネスの成果につながるように受講者の力を高め切れてはいないと感じ、熊本大学大学院教授システム学研究科に通い、IDを学びました。そして、企業の教育担当に向けて、コンサルティングや講師を行う中で、ビジネスに即したIDの設計があると感じるようになったのです。
　そして、いま、やっとこのBIDの考え方を書籍の形にまとめることができました。BIDの概念は、コンサルタントや講師として関わらせていただいた多くの教育担当者との対話から生まれました。心より感謝をお伝えしたいです。
　本書の制作にあたり、あたたかくサポートくださった中央経済社の杉原茂樹さん、制作に尽力いた

だいたレゾンクリエイトの安澤真央さん、佐藤智さん、kid,inc.の石塚健太郎さん、鷲見未来さん、誠にありがとうございました。
　そして、BIDを教育に導入し、成果発表会『インストラクショナルデザインによる教え方改革　夏物語』で事例発表をしていただき、本書の取材にもご協力いただいたノバルティス ファーマの岡村和枝さんと長谷川文夫さん、スターフライヤーの内川雅さん、物語コーポレーションの伊藤康裕さんと堤良輔さん、そして制作でもご協力をいただいたレゾンクリエイトのお二人、みなさまありがとうございました。

　最後に、私を支え励ましてくれる弊社の大切な仲間たち（こうじさん、まほさん、きょうこさん、えつこさん、あずささん、ゆうこさん）。いつもありがとう。特に、こうじさんは教育をより効果的に行っていくためには、経営・マネジメントの考え方を組み合わせていく必要があると改めて気づかせてくれました。これからも日本一笑顔の多い会社を一緒に作っていきましょう。

　そして、この本を読了いただいた皆さまにお礼を申し上げます。
　これからも、多くの企業や教育担当者の方々とともに歩んでいきたいと思います。本書を通じ、教育の力を信じ、その醍醐味を味わう方が増えれば望外の喜びです。

2019(令和元)年5月1日　森田 晃子

BID WORK BOOK

BID TREEワークショップのご案内

弊社サンライトヒューマンTDMC株式会社では、
BID TREEワークショップを定期的に開催しています。
公式テキストである本書を用いて、BIDについて一歩深めた内容をお届けしています。
「自社事例についてフィードバックがほしい」
「他社の教育担当者と対話をすることで、学びを深めたい」
などのご要望にお応えするワークショップとなっています。

随時弊社ホームページにて情報を更新します。

https://www.slhtdmc.co.jp/

HPIについてもっと知りたい

『HPIの基本　業績向上に貢献する人材開発のためのヒューマン・パフォーマンス・インプルーブメント』
（ジョー・ウィルモア、ヒューマンバリュー）

IDについてもっと知りたい

『魔法の人材教育(改訂版)』
（森田晃子、幻冬舎）

『研修設計マニュアル　人材育成のためのインストラクショナルデザイン』
（鈴木克明、北大路書房）

PMについてもっと知りたい

『プロジェクトマネジメント知識体系ガイド PMBOKガイド 第6版（日本語）』
（Project Management Institute、Project Management Institute）

参考文献

著者略歴

森田 晃子

サンライトヒューマンTDMC株式会社　代表取締役
熊本大学大学院　教授システム学専攻　非常勤講師。薬剤師。修士（教授システム学）。HPIやIDを軸とした企業内教育のコンサルティングやインストラクショナルデザイナー、インストラクターを育成する資格講座の運営を行っている。IDの実践方法を提供してきた企業は100社、4,000名を超える。
主な著書：『魔法の人材教育（改訂版）』（幻冬舎、2019年）
　　　　　『自ら学び、未来に活躍する人財が育つ WPL3.0 ワークプレイスラーニングの理論と実践』
　　　　　　（ディスカヴァー・トゥエンティワン、2024年）

サンライトヒューマンTDMC株式会社

インストラクショナルデザイン（ID）の考え方を広げ，日本の企業教育の発展に貢献することを目的に、教育研修、人材育成、顧客獲得、経営効率化に関するコンサルティングや教育機関、医療機関および企業の経営管理に関する人材育成のための教育事業、リサーチ、セミナー等を行う。
https://www.slhtdmc.co.jp

ビジネス インストラクショナルデザイン
企業内教育設計ワークショップ

2019年6月5日　第1版第1刷発行
2024年3月1日　第1版第3刷発行

著　者　森田晃子
発行者　山本　継
発行所　㈱中央経済社
発売元　㈱中央経済グループパブリッシング
　　　　〒101-0051　東京都千代田区神田神保町1-35
　　　　☎03（3293）3371（編集代表）
　　　　　03（3293）3381（営業代表）
　　　　https://www.chuokeizai.co.jp
印　刷　昭和情報プロセス㈱
製　本　誠製本㈱
編集協力　㈱レゾンクリエイト
デザイン　石塚健太郎　鷲見未来（kid,inc.）
© Akiko Morita, 2019 Printed in Japan

＊頁の「欠落」や「順序違い」などがありましたらお取り替えいたしますので発売元までご送付ください。（送料小社負担）
ISBN978-4-502-31351-6　C2034

JCOPY〈出版者著作権管理機構委託出版物〉本書を無断で複写複製（コピー）することは、著作権法上の例外を除き、禁じられています。本書をコピーされる場合は事前に出版者著作権管理機構（JCOPY）の許諾を受けてください。JCOPY（https://www.jcopy.or.jp eメール：info@jcopy.or.jp）